JUVENTUD, ESPACIO URBANO E INDUSTRIA CULTURAL

LATIN AMERICA
Interdisciplinary Studies

Gladys M. Varona-Lacey
General Editor

Vol. 30

This book is a volume in a Peter Lang monograph series.
Every volume is peer reviewed and meets
the highest quality standards for content and production.

PETER LANG
New York • Bern • Frankfurt • Berlin
Brussels • Vienna • Oxford • Warsaw

EDUARDO GONZÁLEZ CASTILLO

JUVENTUD, ESPACIO URBANO E INDUSTRIA CULTURAL

Un estudio del medio sonidero

PETER LANG
New York • Bern • Frankfurt • Berlin
Brussels • Vienna • Oxford • Warsaw

Library of Congress Cataloging-in-Publication Data

González Castillo, Eduardo, author.
Juventud, espacio urbano e industria cultural:
un estudio del medio sonidero / Eduardo González Castillo
pages cm. — (Latin America: interdisciplinary studies; vol. 30)
Includes bibliographical references.
1. Youth—Mexico—Puebla de Zaragoza—Social conditions. 2. Youth—
Mexico—Puebla de Zaragoza—Economic conditions. 3. Music and youth—
Mexico—Puebla de Zaragoza. 4. Popular music—Social aspects—Mexico—Puebla de
Zaragoza. 5. Dance parties—Social aspects—Mexico—Puebla de Zaragoza. 6. Group
identity—Mexico—Puebla de Zaragoza. 7. Young consumers—Mexico—Puebla de
Zaragoza. I. Title. II. Series: Latin America (Peter Lang Publishing); v. 30.
HQ799.M6G65   305.23509789—dc23   2015001569
ISBN 978-1-4331-2908-7 (hardcover)
ISBN 978-1-4539-1548-6 (e-book)
ISSN 1524-7805

Bibliographic information published by **Die Deutsche Nationalbibliothek.**
Die Deutsche Nationalbibliothek lists this publication in the "Deutsche
Nationalbibliografie"; detailed bibliographic data are available
on the Internet at http://dnb.d-nb.de/.

La publicación de esta obra fue posible gracias al financiamiento del Consejo canadiense en
ciencias sociales (CRSH), del Centro de investigaciones y estudios internacionales de la
Universidad de Montreal (CÉRIUM), de la Cátedra de estudios sobre el México
contemporáneo (Universidad de Montreal y UNAM) y de la Cátedra canadiense de estudios
sobre jóvenes y poblaciones vulnerables (CRÉVAJ).

The paper in this book meets the guidelines for permanence and durability
of the Committee on Production Guidelines for Book Longevity
of the Council of Library Resources.

Índice

Introducción

En algunas ciudades del centro de la República Mexicana y entre algunas comunidades de inmigrantes mexicanos en los Estados Unidos se ha desarrollado a lo largo del siglo XX y del actual la modalidad sonidera del consumo de la música tropical (salsa, cumbia, bachata). Se le llama "sonidera" porque se basa, principalmente, en la existencia de equipos móviles de luces y sonido (los *sonidos*) que ofrecen sus servicios para la realización de bailes públicos o privados. Por sinécdoque, los sonidos han dado nombre no sólo a los bailes en que se presentan, sino a todo el medio cultural en que se desenvuelven. De ahí que se hable del *medio sonidero*, que incluye a los dueños de los sonidos, a los trabajadores de éstos, a los organizadores de los bailes, a los vendedores de publicidad y a los seguidores de los sonidos. Este libro estudia la manifestación de este fenómeno dentro de la ciudad mexicana de Puebla.

Aunque el medio sonidero poblano cuenta con la participación de distintos grupos de edad, la mayoría de la gente que se interesa en él en tanto que medio de diversión o como espacio de trabajo es marcadamente joven. En este sentido, es posible hablar de los sonidos como de un medio de consumo cultural esencialmente juvenil o, si se prefiere, como un tipo de cultura juvenil. El medio sonidero es, además, un medio propio a las clases más desfavorecidas del México contemporáneo: comerciantes ambulantes, trabajadores de oficio (albañiles, tahoneros, electricistas), empleados y obreros se encuentran entre sus más conspicuos consumidores. Se trata, en este sentido, de una práctica cultural que no es sólo juvenil, sino también popular. En concordancia, este libro inserta el estudio del medio sonidero en un marco teórico multitemático, que comprende los estudios sobre juventud, la reflexión sobre el espacio urbano, el estudio de la cultura popular y la discusión en torno al concepto de industria cultural. El objetivo general de la obra es responder a la siguiente pregunta: ¿Cuáles son las condiciones y las prácticas sociales que han posibilitado el desarrollo y la permanencia del medio sonidero en tanto que manifestación de la cultura juvenil urbana?

La perspectiva teórica general desde la que se intenta responder a esta interrogante es la de la economía política tal y como ha sido desarrollada en la antropología por autores como Eric Wolf (1990), William Roseberry (1989, 2002), Sidney Mintz (1985) y David Harvey (1989). En este sentido, un aspecto medular dentro de nuestra reflexión es el relativo a los vínculos de esta práctica cultural juvenil con los procesos socioeconómicos mayores que estructuran el espacio urbano poblano. En efecto, a diferencia de otros trabajos que se interesan también en los jóvenes, nuestro estudio pone mucha atención en el contexto socioeconómico de emergencia de sus prácticas. De este modo buscamos romper con la inercia que se ha instalado entre ciertos estudios más o menos postmodernos que, deliberadamente o no, disocian las prácticas culturales juveniles del contexto socioeconómico y político en el que se desarrollan. Es menester apuntar que aunque dichos estudios han aportado visiones comprensivas y esclarecedoras del modo cómo los jóvenes significan sus propias prácticas, también han tenido como consecuencia indeseable la "exotización" de las mismas y su disociación de la evolución del orden político y socioeconómico.

Nuestra aproximación al medio juvenil sonidero es realizada a partir de la cuestión del consumo cultural. Éste último es abordado mediante dos conceptos: el de *hegemonía* y el de *industria cultural*. Una dificultad a resolver, en este sentido, es la que se refiere a la aparente incompatibilidad que existe entre ambos términos, pues al aceptar la noción de hegemonía para caracterizar las relaciones de poder entre los diferentes grupos y clases sociales (noción que, como es sabido, se refiere al hecho de que las relaciones de poder entre las clases sociales no deben ser entendidas como de total dominación o de absoluta resistencia, sino como un proceso continuo de negociación política y cultural) de alguna manera se cierra las puertas al concepto de industria cultural, que en apariencia supone una idea contraria: esto es, que la dominación cultural existe, que existen instituciones sociales que, mediante el control de la cultura, contribuyen a la reproducción del orden social capitalista y, en consecuencia, a la de la dominación cultural. Ahora bien, dado que para esta investigación la utilidad de ambos conceptos es innegable, una pregunta se presenta como inevitable: ¿cómo conciliarlos sin desvirtuarlos? ¿Cómo utilizar esos dos conceptos en una misma investigación sin que ésta sea contradictoria? Percibiendo este problema, algunos autores han optado por despolitizar la noción de industria cultural (Hesmondhalgh, 2007, García Canlini 1990). García Canclini, por ejemplo, propone en su clásico *Culturas híbridas* utilizar el concepto de industria cultural únicamente para referirse al hecho de que existen bienes de consumo cultural que son producidos mediante procesos técnicos y relaciones de carácter industrial... y nada más, sin hacer alusión alguna a la dimensión política de dichos bienes culturales ni a los poderes económicos que los producen.

El presente libro ofrece una perspectiva teórica alternativa. Dicha perspectiva puede ser resumida, por lo pronto, del siguiente modo: los conceptos de industria cultural y de hegemonía son compatibles, y las industrias culturales participan realmente en la reproducción del capitalismo y de la desigualdad social que éste implica, pero ello no ocurre como Bourdieu (1979) lo suponía, porque sus ritmos de producción repitan, en el espacio doméstico, el ritmo de la fábrica, ni porque faciliten la reproducción de un poder cultural central y uniforme (como por momentos parecen sugerirlo los miembros de la Escuela de Francfort) sino porque expresan y reproducen un orden relacional más o menos idéntico al interior de prácticas culturales diversas. De esta manera, las industrias culturales no implican una cultura única ni pueden ser compactadas en una entidad mediática específica (la televisión, la industria del disco, la industria cinematográfica). Por el término hay que entender, más bien, cualquier uso de las tecnologías de comunicación que, gracias a su inserción dentro de las relaciones que animan la lógica económica capitalista, prospere en el ámbito del consumo cultural... y contribuya por ende a la reproducción de dicha lógica.

En las siguientes páginas estudiaremos cómo se vincula una práctica específica de la cultura popular juvenil—el medio y el baile sonideros—con las industrias culturales. Lo que me interesa resaltar es la relación que existe entre ambos elementos, cómo se interpenetran. Este hecho es de especial importancia, puesto que generalmente se acepta la idea de que en el contexto urbano la cultura de las clases populares está bajo el control de las industrias culturales (identificando a éstas con los grandes poderes mediáticos y del entretenimiento), sin precisar claramente de qué manera se da esa relación de dependencia. El ahora ausente Carlos Monsiváis, por ejemplo, presentaba bajo el término de *sociedad de masas* esta visión de las culturas populares urbanas:

> Por sociedad de masas entiendo no sólo las imágenes convocables: multitudes en el metro y en la calle, embotellamientos y congestiones de tránsito, 'diluvio poblacional' y hacinamientos. Entiendo sobre todo un quebrantamiento sistemático de las realidades conocidas y una pulverización de las soluciones y los paliativos clásicos en favor de una *cultura de la necesidad*: no, como anteriormente, la búsqueda o el refrendo de cánones

(una cultura criolla y católica, una cultura liberal y mestiza, un saber de élite, la educación como milagro individual y social) sino la obtención de elementos que ordenen compensatoriamente la vida cotidiana. Intentaré explicarme: al perderse en el campo, con las emigraciones sistemáticas, las antiguas soluciones de continuidad, la experiencia nacional quedó en los medios de difusión (Monsiváis, 1977: 37).

Si bien me parece inobjetable la afirmación en el sentido de que la urbanización introdujo a las clases populares en un orden sociocultural distinto del existente en el México tradicional o rural, no comparto la idea de que a partir de ese momento el conjunto de la experiencia cultural nacional haya quedado simple y llanamente en los medios masivos de difusión, pues como veremos más adelante, en la ciudad capitalista mexicana, el desarrollo de la cultura mercantilizada y la implementación de lo que Martín-Barbero (1987) llama la mediación capitalista no ha sido labor exclusiva de los grandes medios de comunicación ni ha tampoco excluido la participación popular. Con todo, el concepto de sociedad de masas será muy útil para nuestro análisis de la evolución de la ciudad de Puebla, pues nos permitirá describir y aprehender las continuidades y discontinuidades que el proceso de urbanización de esta ciudad ha mostrado a lo largo de su historia reciente (ya sea en su etapa modernizadora o en la actual).

El conjunto de la reflexión nos permitirá, es mi apuesta, profundizar en el estudio de las culturas juveniles urbanas contemporáneas y en el análisis de su relación con las culturas populares y con la industria cultural.

Algunas advertencias de orden metodológico son pertinentes en este momento. El contenido de este libro se desprende de diferentes trabajos de investigación realizados en México en los años de 1999–2000, 2003, 2006 y 2011, en el marco de diferentes proyectos. Empero, la mayor parte de la información etnográfica presentada se deriva del trabajo que realicé en 1999–2000, hecho que da al estudio un cierto carácter histórico. El trabajo de investigación de 1999–2000 incluyó la asistencia a distintos bailes con el fin de obtener, mediante observaciones sistemáticas, información diversa sobre el ambiente de los mismos y sobre los diferentes grupos involucrados. Además, la aplicación de un cuestionario en diferentes bailes me permitió obtener información básica sobre los asistentes a los mismos (edad, sexo, ocupación, escolaridad, etc.). A este respecto, apoyándome en el teorema estadístico del límite central (y retomando la estrategia de una estudio coordinado por Néstor García Canclini a propósito del festival internacional de la ciudad de México), decidí levantar una muestra mínima de 30 cuestionarios para cada unos de los bailes visitados. El tratamiento estadístico de la información obtenida mediante estos cuestionarios consistió, principalmente, en la determinación de promedios y porcentajes mediante un análisis de frecuencias. Las investigaciones subsequences (2003, 2006) se refirieron también a Puebla, aunque no fueron realizadas exclusivamente en torno a la temática sonidera.

En la investigación de 1999–2000, el contacto constante con los sonideros facilitó la realización de diferentes entrevistas formales (25) e informales a personas directamente relacionadas con el medio en la ciudad de Puebla. A través de éstas intenté acceder a información cualitativa y obtener, desde la perspectiva de cada uno de los entrevistados, una visión profunda y personal del ambiente sonidero. Como parte de mis entrevistas formales, contacté a nueve seguidores de sonidos (cinco hombres y cuatro mujeres), seis trabajadores (todos hombres), cinco publicistas (cuatro hombres y una mujer), un promotor y cuatro propietarios de sonidos (todos ellos hombres también). Una vez grabadas y transcritas, las entrevistas fueron analizadas por tema relacionando los testimonios con todo tipo de información disponible. Como el lector lo verá más tarde, las entrevistas nos permitieron integrar dialógicamente y de modo provechoso la visión de los sonideros dentro del libro.

Realicé además visitas constantes a distintos puestos de distribución de los bienes sonideros (revistas, casetes, pósters) con la idea de recopilar muestras de la cultura material sonidera y observar el proceso de distribución y consumo de estos productos culturales. Paralelamente llevé al cabo la recopilación de información documental, misma que me permitió conocer de mejor manera la trayectoria y situación de los sonideros al interior de la ciudad. En este sentido, de gran utilidad informativa fue la revisión del material utilizado por los publicistas para la promoción de sus productos y la consulta de revistas que, aunque editadas en la ciudad de México, contenían una gran cantidad de información sobre los sonideros poblanos. Me refiero, en particular, al *Directorio 1999 Sonidero* y a la revista *Sonidos*, ambas publicadas por el señor Marcos Mixueiro en la Delegación Venustiano Carranza del Distrito Federal.

La investigación se llevó a cabo en distintas partes de la ciudad de Puebla y nunca se delimitó un sitio único de trabajo, pues la naturaleza de nuestro objeto empírico de estudio no nos permitió demarcar un espacio particular (piénsese, por ejemplo, en el hecho de que los sonidos son microempresas ambulantes y en el hecho de que los bailes no se desarrollan siempre, ni de modo consecutivo, en un mismo lugar). De cualquier forma, es posible decir, en términos generales, que el trabajo etnográfico fue realizado en dos grandes zonas urbanas de la ciudad: la primera es la que correspondía, en aquellos años y aún en la actualidad, al área comercial cercana a la Central de autobuses (CAPU). Esta zona incluía algunos salones de baile y varios puestos sonideros. La segunda es la zona comercial popular que todavía en nuestros días se extiende en torno a la calle 11 norte del centro histórico de la ciudad.

Mi deseo de publicar esta investigación luego de tantos años de haberla comenzado responde a varios factores. En el año 2000, cuando finalicé la principal investigación presentada en esta obra, me prometí publicar mi trabajo sobre los sonideros como un agradecimiento a las personas que compartieron conmigo su tiempo y sus experiencias. Mi deseo y promesa era entregar el texto publicado directamente en las manos de aquellos cuya apertura y generosidad me había permitido acercarme al medio. Esta forma de "contra-don" era increíblemente pertinente, pues para los sonideros yo era—pese a mis reiteradas precisiones—un reportero (¿quién si no un reportero haría y grabaría entrevistas en pleno mercado?). Algunos de ellos incluso me propusieron hacer una revista sonidera a partir de este trabajo y publicarla periódicamente en la ciudad. ¿Qué mejor reconocimiento podría yo hacerles entonces que la entrega de un texto publicado en el que aparecieran sus propias palabras e imágenes?

Nunca pude realizar dicho acto de gratitud. Joven en ese entonces, egresado de una universidad pública y con pocos recursos en el bolsillo, pasé los años siguientes de mi vida en el esquivo mercado de trabajo mexicano y continuando mis estudios con la ayuda de diferentes programas de becas en México y en el extranjero. Durante esos años realicé los otros proyectos de investigación que nutren también esta obra y que tenían que ver también con tamáticas próximas: el espacio urbano, la juventud, la radiodifusión comunitaria. Con el paso del tiempo, la posibilidad de publicar mi investigación sobre el medio sonidero me pareció cada vez más apremiante. La publicación reciente de un libro de temática paralela (González Castillo, 2012), la solicitud de copias de mi investigación de licenciatura y los excelentes comentarios que había recibido durante su evaluación me animaban en este sentido. El México actual, hundido por la violencia ligada a la "guerra" contra el narcotráfico y por la polarización de las desigualdades sociales, me llevó también a buscar publicar este trabajo. En este sentido, cada día estoy más convencido de que investigaciones como la que aquí presento pueden ayudarnos a mejor comprender no sólo las prácticas culturales que los jóvenes desarrollan en la ciudad capitalista, sino también el modo como viven, se adaptan y participan en el México violento y neoliberal de nuestros días.

Tres partes conforman el libro. Una primera, de tipo teórico, contiene el conjunto de conceptos a partir de los que he organizado mi acercamiento al medio sondiero. La segunda parte intenta trazar las características generales de la historia de la ciudad de Puebla, en particular en lo que se refiere a la segregación social y a los usos populares del espacio urbano. La última parte instala nuestra reflexión en el terreno y es rica en consideraciones de tipo histórico y etnográfico. Aunque todas las partes del libro conforman una totalidad coherente, el lector menos interesado en cuestiones teóricas puede leer con provecho su segunda y tercera partes únicamente. Quien proceda así adquirirá una imagen completa del medio sonidero, aunque perderá de vista las consideraciones que le dan relevancia teórica, histórica y práctica.

PRIMERA PARTE

Pensar el consumo cultural juvenil en la ciudad contemporánea

Estudiar las culturas juveniles urbanas

El objeto de nuestro estudio, el medio sonidero poblano, puede ser considerado como una manifestación de las culturas juveniles del México contemporáneo. En consecuencia, para comprenderlo es útil revisar el modo cómo dichas culturas han sido estudiadas dentro de las ciencias sociales. Dicha revisión nos permitirá además presentar y situar de modo más claro la perspectiva a partir de la que ha sido elaborada esta obra y los debates teóricos en los que se inserta. En este sentido, como ya lo he mencionado, la propuesta teórica del libro integra el estudio de las culturas juveniles a otros tópicos importantes, como son el espacio urbano contemporáneo, el consumo cultural, las culturas populares y la industria cultural.

Para entrar de lleno en lo que se refiere al estudio de las culturas juveniles urbanas, comencemos por afirmar que es posible clasificar los principales trabajos relacionados con el estudio de éstas en cuatro perspectivas diferentes. Cada una de éstas corresponde de modo más o menos preciso a los siguientes conceptos: subculturas juveniles, nuevas etnicidades, tribus urbanas y club-culturas. Aunque todas las perspectivas mencionadas parten del supuesto de que la juventud es una construcción sociocultural y no un hecho biológico o natural, es posible decir que las tres últimas perspectivas representan diferentes tipos de respuestas al enfoque pionero de la teoría de las subculturas (véase Bucholtz, 2002).

Subculturas juveniles: Los primeros estudios culturales

Dentro de esta categoría es posible clasificar el trabajo realizado desde la perspectiva de los primeros estudios culturales británicos (Reynoso, 2000). Cuando se habla de éstos se hace referencia al grupo de intelectuales que desarrollaron, desde el Centro de Estudios Culturales Contemporáneos de Birmingham, una teoría más o menos marxista de la cultura en la segunda mitad del siglo XX. El propósito de este grupo era romper, por un lado, con la visión marxista reduccionista que veía la cultura como un simple reflejo o producto de la estructura económica de la sociedad así como, por otro lado, rebasar los enfoques que separan los aspectos simbólicos de la vida social de sus condiciones sociales e históricas.

Concebida como una unidad histórica de acción y significado, la noción de práctica es fundamental para esta perspectiva, pues permite al investigador asignar la misma importancia a las diferentes esferas de la actividad humana (la económica, la política, la artística) y a sus diversos componentes simbólicos. En este sentido, al concebir a la cultura expresiva como un tipo específico de práctica, los representantes de los primeros estudios culturales subrayaron la importancia del estudio de las relaciones sociales que confluyen en la creación de los bienes culturales, es decir, en los procesos de producción cultural. Esta orientación fue decisiva para los primeros estudios culturales sobre juventud, que, en consecuencia, se enfocaron en el análisis de las prácticas juveniles de creación cultural (Hebdige, 1979, Clarke, 1977). Otro aspecto importante de estos estudios fue el interés de situar la problemática de la construcción moderna de la juventud en el contexto de las transformaciones de los procesos de socialización en el capitalismo. Para el caso latinoamericano, dicha estrategia fue retomada, al menos en parte, por Rossana Reguillo (2000).

Los primeros estudios culturales sobre juventud concedieron además cierta primacía conceptual a la noción de clase social. De hecho, es dentro de esta lógica que definieron a las culturas juveniles como subculturas (Clarke, 1977, Griffin, 2011). En efecto, el prefijo "sub" indicaba el hecho de que las culturas juveniles pueden ser vistas como subconjuntos que existen al interior de un conjunto mayor: el de las culturas de clase. El prefijo "sub" hacía alusión también a la supuesta tendencia de las producciones culturales juveniles hacia la diferenciación o, incluso, hacia la resistencia ante las prácticas culturales hegemónicas (de clase o parentales—véase Brito Lemus, 2002). Así, según Dick Hebdige (1979), las subculturas inglesas de mediados del siglo XX (*teddy boys*, *punks*) eran el producto de las tensiones de clase que existían dentro de las sociedades europeas y estadounidenses luego de la Segunda Guerra Mundial. Estas tensiones dieron lugar, según Hebdige, a la creación de formas de expresión que demostraban su negativa o resistencia ante las ideologías capitalistas dominantes. Cuando los investigadores que trabajaban dentro de esta perspectiva se interesaron en las prácticas juveniles de consumo cultural, lo hicieron también desde la perspectiva de la clase social (véase Hoggart 1990).

El interés de los primeros estudios culturales por los componentes de clase y de resistencia en las subculturas juveniles fue muy importante para los estudios que los sucedieron. La cuestión del mercado de trabajo ocupó un lugar central entre los mismos. En este sentido, una de las investigaciones más interesantes es, quizás, la llevada a cabo por Paul Willis (1977), quien abordó las prácticas cotidianas de resistencia de la juventud obrera inglesa al interior del espacio escolar. Según este autor, estas prácticas de resistencia tenían un efecto paradójico, pues si bien expresaban el rechazo del orden promovido por la escuela, también tenían como consecuencia final la reproducción de la subordinación social de esos mismos jóvenes (que terminaban su paso por la escuela poco escolarizados y con una pronta inserción en las filas de la fuerza de trabajo obrera). Willis subrayaba empero el carácter contradictorio e imprevisible… y no definitivo de esta situación: "capitalism in its modem, liberal democratic forms is permanent struggle. What is accommodation in working class culture is also what is resistant so that capitalism is never secure" (Willis, 1977: 175).

Unos años más tarde, Douglas Foley (1990) llevó al cabo un estudio similar en el Estado norteamericano de Texas. Al igual que Willis, Foley estaba interesado en las prácticas de resistencia escolar de diferentes grupos de jóvenes procedentes de medios sociales desfavorecidos. Foley desarrolló un modelo de estudio que se centraba más en los aspectos comunicacionales de las interacciones entre los jóvenes. Así, con base en los conceptos de la teoría de la acción comunicativa de Jürgen Habermas, en el interaccionismo simbólico de Ervin Goffman y en la noción de clase tal y como es definida por Pierre Bourdieu, Foley pudo mostrar cómo las prácticas de comunicación y de resistencia de estos jóvenes contribuían al mismo tiempo a la reproducción de las desigualdades de clase.

En el contexto latinoamericano, los (primeros) trabajos de José Manuel Valenzuela Arce son representativos de esta perspectiva (por ejemplo, Valenzuela 1988). Valenzuela consideraba, por ejemplo, que si bien es cierto que la noción de juventud no tiene un significado universal (pues éste cambia en función de las diferentes culturas), dentro de las sociedades capitalistas, la noción de lo juvenil está claramente marcada por las desigualdades de clase y por el hecho de que no todas las culturas juveniles son culturas lucrativas dentro del mercado (como el caso *Punk*), lo que hace de ellas culturas "proscritas" (1998b).

Ahora bien, pese al carácter pionero de estos estudios y su innegable relevancia, su análisis parece haberse vuelto monotemático. En este sentido, como lo afirma Ross Haenfler (2004), este tipo de estudios parece haberse apoyado de modo excluyente en la cuestión de las clases sociales. Como consecuencia, redujo los alcances explicativos de la noción de resistencia y dejó de lado otros aspectos de la vida social. Estas críticas de Haenfler son instructivas con respecto a los cambios que la perspectiva subcultural experimentaría a partir de la década de los setentas. Estos cambios se refieren, en particular, al final del marxismo en tanto que principal fuente de inspiración para los estudios culturales. En este sentido, la figura de Stuart Hall es muy importante, pues es en este autor que podemos encontrar a) las críticas más sobresalientes al enfoque subcultural y b) las inovaciones que más influyeron en la reorientación de los estudios culturales sobre juventud. Desarrollado por este autor (Hall, 1996b), el concepto de "nuevas etnicidades" puede ser utilizado para señalar esta nueva fase.

Las "nuevas etnicidades": Una aproximación crítica a los estudios culturales

Como ya lo he comentado, la obra de Stuart Hall catapultó algunos de los cambios que desplazaron la perspectiva de la "clase" del corazón de los estudios culturales en general y de los estudios culturales sobre juventud en particular. Aunque este autor siempre estuvo interesado en el debate marxista en torno a la cuestión de la dominación (cuando, por ejemplo, utiliza conceptos como los de conflicto o hegemonía), desde su punto de vista, no es el origen de clase el indicador más importante de la dimensión política de las prácticas juveniles, sino más bien la identidad considerada en sus múltiples dimensiones y a partir de un enfoque más bien estructuralista.

Según Lawrence Grossberg (1996), el pensamiento de Hall se organiza en torno a tres cuestiones: la ideología, entendida como el conocimiento que da forma a las prácticas sociales dentro de relaciones de dominación y de resistencia; la hegemonía en tanto que forma del poder político en las sociedades capitalistas (véase Hall, 1996a), y por último, el afán de construir un "marxismo sin garantías", es decir, un marxismo que no acepta la existencia de relaciones de causalidad ni fuera de los márgenes de la lucha histórica concreta ni establecidas de una vez y para siempre (por ejemplo, la relación de causalidad propia al viejo debate sobre la estructura y la superestructura). De esta manera, en lugar de recurrir a la idea de la causalidad en su análisis de la relación entre cultura y economía, Hall propuso el concepto de articulación, con el cual puso al frente de su pensamiento la vertiente estructuralista. De acuerdo con esta idea, no hay práctica con significados sociales que le sean inherentes, pues dichos significados siempre emergen del carácter relacional de la vida social, lo que implica la existencia del conflicto en el caso de las sociedades marcadas por relaciones de dominación y desigualdad.

Grossberg sostiene que esta visión del conflicto social permitió a Hall formular una teoría cultural situada entre el culturalismo y el estructuralismo. Según

Grossberg, el primero establece que "the coherence and totality of a particular social structure (and the nature of the power relations within it) are already given". La perspectiva estructuralista, por su parte, deconstruye toda totalidad "leaving in their place the complexity, contradictions and fragmentations implied in difference" (Grossberg, 1996: 163). Así, una práctica cultural *x*, aunque históricamente condicionada por su lugar dentro del orden social (visión culturalista), no implica ningún significado o valor identitario en sí misma, pues éste depende de su posición relacional ante las otras prácticas que prevalecen en un momento histórico dado (visión estructuralista).

Es en este orden de ideas que Hall formula la noción de "nuevas etnicidades". Se trata de un concepto descriptivo que busca dar cuenta de los cambios experimentados por la acción política y cultural de la población negra (*black cultural politics*) en la Inglaterra de la segunda mitad del siglo XX. Dichos cambios en la acción política y cultural, dice Hall, implican "the end of the essential black subject", final que tuvo como consecuencias tanto la creación de una "concepción no coercitiva y más diversa de la etnicidad" (Hall, 1996b: 447) así como el fin del lenguaje enraizado en oposiciones binarias (mismas que enmarcaron durante mucho tiempo el discurso político dominante). El pensamiento de Hall converge en ese sentido con la ola posmodernista que promueve la deconstrucción de todo metarelato y el desarrollo de conceptos que permitan el reconocimiento de la diversidad de las prácticas e identidades en la sociedad. La centralidad de conceptos tales como la clase social o el trabajo es entonces puesta en duda para dar paso a un enfoque más global y a una visión menos unívoca de las relaciones sociales y de las identidades.

Entre los estudios sobre juventud, las ideas de Hall han inspirado una cantidad importante de trabajos sobre la pluralidad identitaria de los jóvenes y de las relaciones de poder que condicionan dicha pluralidad. Desde esta perspectiva, Henry Giroux (1994) afirma:

> Music, rap, fashion, style, talk, politics, and cultural resistance are no longer confined to their original class and racial locations. [...] Black youth in the urban centers produce a bricolage of style fashioned amid a combination of sneakers, baseball caps and oversized clothing that integrates forms of resistance and style later to be appropriated by suburban kids whose desires and identities resonate with the energy and vibrancy of the new urban funk.[...] No longer belonging to any one place or location, youth increasingly inhabit shifting cultural and social spheres marked by a plurality of languages and cultures. (Giroux, 1994: s/p)

Este nuevo énfasis en la identidad (o, mejor dicho, en las identidades) dio lugar, en el campo de los estudios culturales sobre juventud, a un creciente interés en las identidades étnicas, en las identidades de género y en los procesos identitarios asociados al consumo cultural. Así, por ejemplo, Amy C. Wilkins (2004) examinó desde esta perspectiva el modo cómo las dimensiones étnicas, de clase y de género se entrecruzan para dar lugar a la formación de diversos estigmas sociales entre los jóvenes norteamericanos. De modo más preciso, Wilkins intentó comprender el papel de la sexualidad en la formación de las identidades de género, raciales y de clase. La autora se centró en el caso de las *Puerto Rican wannabes*, esto es, el caso de las chicas estadounidenses de "raza blanca" que tratan de comportarse como "latinas" puertorriqueñas. Aunque esta estrategia asegura a estas jóvenes cierto reconocimiento por parte de los jóvenes de origen latinoamericano con los que conviven, también origina el rechazo de la mayoría de los grupos étnicos y raciales presentes en el lugar del estudio. Wilkins concluyó que, así como las *drag queens* crean cortocircuitos en las categorías de género, las *Puerto Rican wannabes* alteran las relaciones de clase, de raza y de etnia dentro de las que se encuentran (aunque desde una posición de subordinación). "As one of many contemporary spectacles, the Puerto Rican wannabe gives us insight into one way race, gender, and class categories construct each other" (Wilkins, 2004: 120).

Sin duda, en lo que se refiere al estudio de las prácticas juveniles de consumo, la perspectiva de las "nuevas etnicidades" ha sido útil para resaltar las sutilezas identitarias, simbólicas y emocionales asociadas al acto de consumir. Ello ha conducido, por una parte, a una revaloración del cuerpo en tanto que sujeto y objeto de estas prácticas y, por otra, a un desplazamiento etnográfico hacia el estudio simbólico de los espacios de reunión y de diversión de los jóvenes. El interés por el cuerpo dio lugar además a nuevos conceptos como el de *politics of pleasure* (McRobbie, 1996), que hace hincapié en la dimensión política de las prácticas corporales de los jóvenes.

Trabajos como los de Rossana Reguillo (1998) y Margullis y Urresti (1998) implican líneas de reflexión similares para el contexto latinoamericano. En general, estos investigadores argumentan que, en la actualidad, las identidades juveniles no pueden ser reducidas a un conjunto de indicadores únicos, pues el mundo de la juventud no "representa un bloque homogéneo que pueda hoy día hacerse caber en un conjunto de categorías fijas" (Reguillo, 1998: 58) En una lógica similar, Margullis y Urresti, discuten, por ejemplo, la idea de la *moratoria social*, es decir, la idea según la cual la juventud es el periodo de vida que antecede a la inserción definitiva dentro del mundo laboral, y arguyen que esa es una caracterización parcial que, en última instancia, sólo podría ser aplicada a unos cuantos sectores de la población juvenil latinoamericana. Cynthia Bejarano (2007), por su parte, ha estudiado desde la perspectiva de la *border theory* los conflictos identitarios que caracterizan a las culturas juveniles mexicanas y chicanas en los Estados Unidos. El enfoque de las *"new ethnicities"* ha sido, en conclusión, prolífico.

Los estudios agrupados en esta categoría se imbrican con los de la perspectiva que describimos a continuación como "postmoderna". Dentro de esta última, sin embargo, el enfoque general es ligeramente diferente, más lejano de los estudios culturales y más próximo de la tradición sociológica francesa.

"Tribus urbanas": Una perspectiva posmoderna

La obra de Michel Maffesoli puede ser descrita como la más representativa de esta perspectiva. En general, es posible decir que el principal interés teórico de este autor ha sido el de dar cuenta de las características que la vida social adquiere en la era de la "modernidad tardía". En particular, Maffesoli está interesado en comprender lo que él llama la "communauté d'esprit" que estaría al centro de las dinámicas sociales postmodernas y que se basaría, dice, en "la centralité souterraine informelle qui assure la perdurance de la vie en société". Maffesoli (1988: 14) utiliza el término de socialidad para describir esta centralidad. En este sentido, según este autor, en la actualidad asistimos a una especie de reformulación de las relaciones sociales de tipo moderno.

Las principales manifestaciones de esta reformulación son el proceso de "desindividuación" y el paso de lo social a la socialidad, es decir, el paso de una vida en sociedad basada en el contrato social a otra construida a partir de la proximidad espacial y de los lazos emocionales. Valiéndose de un vocabulario durkhemiano, Maffesoli describe este proceso como el paso de una estructura social mecánica a otra de tipo "orgánico complejo". Estos cambios se realizan a través de dos ejes: en primer lugar, mediante la aparición de masas sociales, es decir, mediante la emergencia de un orden en el que los grupos humanos ya no se definen a través de una lógica de identidad única como, por ejemplo, la de la clase social. En segundo lugar, este autor habla de un proceso de sustitución de los grupos contractuales modernos por grupos establecidos a través de vínculos afectivos: las "tribus emocionales". Todo lo cual conduce a la sustitución del individuo moderno por la persona posmoderna, o, en otras palabras, al remplazo del individuo contractual por la persona emocional[1].

La noción de "territorio" es muy importante para este enfoque. Se considera a éste como construido gracias a la condensación de las actividades espaciales aparentemente insignificantes de la vida diaria, es "tiempo que se cristaliza en espacio" (Maffesoli, 1988: 216). Cercanía y territorio se organizan a través de la experiencia de lo local en tanto que "comunidad de destino", en tanto que articulación entre

---

1 Precisemos que, a pesar de las apariencias, el modelo Maffesoli no es histórico ni evolucionista. Al igual que en el caso de Durkheim y de su distinción entre solidaridad mecánica y solidaridad orgánica, el modelo Maffesoli únicamente describe dos condiciones posibles de vida en sociedad. Esto es claro cuando afirma que las manifestaciones tribales contemporáneas son prueba del carácter duradero "des diverses formes de rassemblements primaires qui sont les éléments de base de toutes structurations sociales" (Maffesoli, 1988: 216).

el ambiente espacial y el social: "pour jouer sur les mots, on peut dire que le lieu devient lien" (Maffesoli, 1988: 230). La comunidad de destino crece a través de su articulación con el espacio de las relaciones sociales, dando lugar a un "nosotros" que se manifiesta a través de las redes sociales que constituyen las distintas comunidades. Esta constitución se realiza gracias a un sentido de pertenencia de duración variable, que implica cierta noción de exclusividad y que, en algunas situaciones, puede ser excluyente.

Para Maffesoli, las reuniones de jóvenes son ejemplos arquetípicos de esta nueva socialidad tribal. La tribu posmoderna se presenta entonces como un grupo que, formado a partir de un sentido de comunidad, tiene en las emociones colectivas y en la proximidad su principio articulador. Es un grupo que se reproduce gracias al consumo de la socialidad en sí misma, razón por la que tiene en la fugacidad su cualidad temporal distintiva. A decir de Maffesoli, el sello distintivo de la comunidad postmoderna es el deseo de existir a los ojos del otro, "la passion qui se réalise quand partagée" (Maffesoli, 2004: 343–344).

La propuesta de Maffesoli ha sido adoptada por varios autores interesados en el estudio de las prácticas de los jóvenes en el espacio urbano. Pierre Boudreault (2004), por ejemplo, al analizar el papel jugado por los jóvenes en el imaginario urbano sitúa a la tribu juvenil postmoderna al final de un modelo que describe las diferentes características históricas de las agrupaciones juveniles. Según este autor, es posible identificar tres períodos a este respecto: el primero es el de la ambivalencia (siglo XVIII y XIX), en el que la educación es considerada la mejor manera de orientar a los "jóvenes". El segundo período es el del imaginario de la competencia, que ocurre en el siglo XX, cuando diferentes grupos de jóvenes comienzan a ser marginados, lo que da lugar a la aparición de prácticas de protesta y alternativas. Por último, nos dice Boudreault, está el periodo de la imaginación de la pluralidad, que es el de la metropolización de la vida urbana del siglo XXI. En este contexto:

> L'espace urbain est susceptible de se prêter à une variété d'expérimentations effectuées notamment par les jeunes et fondées sur les relations sociales, sur une anthropologie de l'apprentissage et sur des contextes d'interaction favorisant la créativité et l'émergence d'une esthétique du vivre-ensemble en ville (Boudreault, 2004: 13)

En México, el enfoque maffesoliano ha inspirado una cantidad importante de trabajos, entre los que destacan los de Maritza Urteaga (véase, por ejemplo, Urteaga, 1998). En la obra mencionada, Urteaga logra construir un cuadro histórico esclarecedor de la manera cómo el desarrollo histórico del rock en México se ha articulado (de manera cambiante) a las prácticas identitarias de diferentes grupos en diferentes épocas. Asimismo, nos da cuenta de la pertinencia de la terminología "maffesoliana" cuando se la aplica "fuera" del contexto dentro del que fue originalmente desarrollada (las sociedades europeas).

Es posible constatar, tanto entre los estos estudios inspirados por Maffesoli como entre los realizados desde la perspectiva de las "nuevas etnicidades", cierto distanciamiento con respecto al enfoque clasista de la teoría subcultural, así como una falta de interés creciente con respecto a las dimensiones socioeconómicas o, si se prefiere, materiales, de las prácticas de los jóvenes (véase Harris, 1992). Dada su insistencia en la proximidad y en el componente emotivo de las culturas juveniles, las dos últimas perspectivas revisadas han dado lugar a menudo a estudios extremadamente localizados, que abordan al nivel micro las prácticas de los jóvenes (en una plaza, en una calle, en una pista de baile) sin ponerlas en relación con su contextos regionales, nacionales y globales de existencia. Es ésta, quizás, una de las debilidades más importantes de esas perspectivas.

"Club-culturas": Resituando las culturas juveniles

Ciertamente, en la actualidad los estudios sobre juventud tienden a crear puentes entre los enfoques mencionados a lo largo de nuestra revisión y combinan sus aspectos más interesantes (véase, por ejemplo, Wilson 2002 o Ferrándiz 2004). Por lo demás, la perspectiva postmoderna parece haber tomado un segundo respiro gracias a la integración, dentro de los trabajos realizados dentro de este enfoque, del pensamiento de Deleuze y Guattari (véase, por ejemplo, Cerbino y Rodríguez 2005, Boissonade 2005 y Prévost 2012) y de Appadurai (véase por ejemplo Baulch 2007 y Lukose 2009). Empero, al mismo tiempo, existe una tendencia clara hacia una relocalización conceptual de las prácticas culturales de los jóvenes en sus contextos socioeconómicos y políticos, hacia el estudio del modo cómo las culturas juveniles interactúan con las diversas instituciones y con las "macro-fuerzas" modernizadoras del capitalismo (véase Willis 2003, Ginwright, Noguera y Cammarota 2006; González Castillo 2012). A pesar de que estos últimos trabajos son heterogéneos en sus propuestas, comparten el interés teórico en la manera cómo las dinámicas económicas y políticas asociadas al orden socioeconómico actual condicionan las prácticas de los jóvenes. Dichos trabajos evitan, desde luego, caer en el error del análisis unívoco de la perspectiva subcultural, la cual, como ya lo he mencionado, se limitaba al análisis de la dimensión de clase de las prácticas de los jóvenes (Griffin, 2011).

Aunque elaboradas desde diferentes perspectivas, las investigaciones de autores como Sarah Thornton (1996) y Robert Hollands (Hollands 2002; Chatterton y Hollands, 2002) pueden ser incluidas en esta categoría. Hollands, por ejemplo, se interesa en el análisis del modo como el desarrollo de la economía de la vida nocturna ha influido en la evolución de las prácticas juveniles en las sociedades capitalistas avanzadas. Hollands inscribe claramente su trabajo dentro de una crítica a los enfoques que reducen el estudio del consumo juvenil al simple acto de la elección de los bienes de consumo:

> rather than a free-floating 'pick-mix' story of youth consumption in the night-time economy, what is evident from our analyses is that increasing corporate activity, tighter regulatory regimes, and differentiated youth transitions provide a good context for understanding the formation of segmented socio-spatial nightlife consumption groupings and spaces (Hollands, 2002: 163).

Sarah Thornton, por su parte, ha propuesto el término de club-culturas (Thornton, 1996) para resaltar el carácter espacial (localizado y cerrado) de los espacios *rave* de consumo juvenil aparecidos en la Inglaterra Thatcheriana de finales del siglo XX. He decidido incluir el concepto de club-culturas en el subtítulo de esta sección para destacar la existencia de este cuerpo de trabajos que, aunque no sin levantar cierta polémica (véase Griffin, 2011), tratan de resituar el análisis de las prácticas de los jóvenes en el contexto general en el que los primeros estudios culturales las habían colocado, es decir, en el contexto de su inserción—como subconjutos— dentro del orden capitalista. Aunque a partir de un diálogo constructivo con los primeros enfoques mencionados, está investigación sobre el consumo juvenil en el medio sonidero se inscribe dentro de esta última tendencia. Por esta misma razón me parece importante incluir dentro de nuestro marco conceptual algunas consideraciones teóricas acerca del modo como las culturas juveniles se sitúan dentro del espacio urbano capitalista contemporáneo. Tal es el objetivo de la sección siguiente.

Culturas juveniles, poder y espacio urbano en la ciudad neoliberal

Como en otros países, en México las ciudades contemporáneas han visto instalarse firmemente, a partir de los años ochentas, los principios de la gobernanza neoliberal. Como es bien sabido, ésta última promueve la gestión empresarial del espacio urbano en función de prioridades como la reducción del gasto público, la búsqueda del crecimiento económico y el recurso a la mano dura gubernamental ante toda crisis social que amenace la estabilidad económica (Harvey, 1989, Brenner y Theodore, 2002). Existen, en este contexto, tres problemáticas que, desde mi punto de vista, todo estudio de la las culturas juveniles contemporáneas debe tener presentes:

a) El modo cómo la diversidad cultural juvenil se inserta dentro del espacio urbano capitalista.
b) Las consecuencias de las dinámicas de privatización y de pérdida de espacios públicos para la justicia social en general y para las prácticas culturales de los jóvenes en particular.

c) El efecto de las políticas desarrolladas en el marco de la gobernanza neoliberal sobre las prácticas de los jóvenes.

Exploremos por separado cada una de estas problemáticas para terminar este capítulo.

Ciudad capitalista y espacios alternativos

Frederic Jameson ha escrito (Jameson, 1991: 113) que "todo modelo de cultura política" que busque "adaptarse a nuestras actuales circunstancias, ha de presentar necesariamente las cuestiones espaciales como su preocupación estructural fundamental". Lo que deviene en la necesidad de elaborar "mapas" cuyo objetivo sea "devolver a los sujetos concretos una representación renovada y superior de su lugar en el sistema global" (Ibídem: 120). En consonancia con este principio, la investigación sobre la ciudad capitalista contemporánea—en particular, la realizada en el marco de la economía política—ha puesto el acento sobre el modo cómo el proceso de acumulación y los modos de regulación del capitalismo influyen en la evolución del espacio urbano y de las relaciones sociales que ahí existen (Harvey, 1989; Zukin, 1995). Aunque la relevancia de ese tipo de estudios no puede ser puesta en duda, es importante no perder de vista el hecho de que la reproducción del espacio urbano contemporáneo también incluye dinámicas que, aunque son compatibles con las del capitalismo, son diferentes y merecen por tanto ser estudiadas en su especificidad social y espacial. En su etnografía sobre los grupos de indigentes de la ciudad de San Francisco, por ejemplo, Philippe Bourgois y Jeff Schoenberg (2009) analizan las prácticas de convivencia y de traición mutua que se encuentran en el corazón de la economía moral que orienta las formas de socialización de estos grupos. Estos autores se concentran especialmente en el estudio del modo como las zonas de despliegue de esa economía moral encajan en los intersticios de la boyante ciudad capitalista y contribuyen a su reproducción. En el campo de estudio de las culturas juveniles, esta problemática es de suma importancia, pues concierne *los diferentes modos* como las culturas juveniles "alternativas" se reproducen adaptándose a un contexto urbano que es más bien adverso.

El espacio urbano público/privado y la justicia social

En los últimos años, la erosión del espacio público y la espacialización creciente de las desigualdades sociales han atraído la atención de diferentes investigadores, mismos que se han interesado en las diferentes repercusiones sociales de esos procesos (Banerjee, 2001). Entre éstas podemos mencionar la proliferación de barrios cerrados (Caldeira, 2000; Wacquant, 2006); el incremento de dispositivos de seguridad que, mediante la manipulación del miedo, fortalecen el control privado del espacio (Low, 2001; Smith, 2001); y, finalmente, las duras consecuencias que para los habitantes pobres de la ciudad tiene la creciente violencia relacionada con el ascenso económico y social de la ciudad privatizada (Franzen, 2001). El estudio de las culturas juveniles urbanas debe tener en cuenta las consecuencias de todos esos procesos para las mismas. En un trabajo inspirador, por ejemplo, Francisco Ferrándiz (2004) estudió los efectos de la violencia estructural y de la segregación espacial sobre los jóvenes de los barrios pobres de Caracas, Venezuela, en los años ochentas. En particular, Ferrándiz exploró las prácticas rituales y religiosas que permitieron a los jóvenes de los barrios pobres de esa ciudad adaptarse a la decadencia urbana relacionada con la neoliberalización del espacio venezolano. Dentro de su trabajo, el culto juvenil a los espíritus "malandros" (es decir, a los espíritus de los jóvenes delincuentes asesinados en la ciudad) y los espacios creados en torno a ese culto ("lugares heridos") se revela como una especie de respuesta colectiva ante la violenta neoliberalización de la ciudad.

Gobernanza urbana, ciudad y prácticas juveniles

La comprensión del modo como las prácticas juveniles se insertan dentro del espacio urbano contemporáneo no puede prescindir (y mucho menos en el caso mexicano) del estudio de las políticas públicas. Dicha tarea requiere, por un lado, del análisis de las políticas formuladas a diferentes niveles (local, regional, nacional) a propósito de los jóvenes y de las ciudades. Por otro lado, requiere también de un conocimiento general del modo como los diferentes actores y grupos involucrados en la ciudad interactúan (y han históricamente interactuado) con esas políticas públicas. Un estudio ejemplar en este sentido es, en mi opinión, *City of Quartz*, de Mike Davis. En este libro, Davis (1992) muestra cómo las políticas de desarrollo y de planificación que hicieron de la ciudad de Los Ángeles la esfera de cristal del capitalismo futuro no pueden ser entendidas sino a condición de ser puestas en relación con, entre otros tópicos importantes, la historia de los movimientos sociales de la región, el desarrollo de la economía capitalista norteamericana y la evolución del pensamiento académico sobre la ciudad. En el contexto neoliberal, esta cuestión se refiere al modo cómo la instalación del los principios de la gobernanza que este modelo económico propone ha interactuado con los diferentes grupos juveniles. Esto implica, como en este estudio lo haremos, el análisis detenido de la evolución histórica del espacio urbano y de los diferentes conflictos y grupos sociales asociados a la misma.

Consumo, cultura popular e industria cultural

Como ya lo he apuntado, nuestro estudio del medio y de la cultura juvenil sonidera se inserta dentro de una perspectiva teórica multitemática. Tal modo de proceder es necesario para mejor comprender las características de ese medio y su inserción en el conjunto de la sociedad poblana y mexicana. Tres temas en particular se presentan como ineludibles en este sentido: el del consumo cultural, el de la cultura popular y el de la industria cultural.

Consumo cultural

Una de las cuestiones centrales para nuestro análisis es la de cómo vincular explicativamente el medio sonidero en tanto que espacio juvenil de consumo musical al conjunto de condiciones que le imponen la ciudad capitalista contemporánea y el orden socioeconómico. Como Daniel Miller lo ha mostrado, una buena herramienta para lograr dicha tarea es la etnografía… a condición, desde luego, de insertar el trabajo etnográfico dentro de una reflexión teórica consistente a propósito de los vínculos entre las prácticas de consumo y el orden social (Miller, 2004). Para nuestra fortuna, hace ya muchos años que la dimensión social y política del consumo ha sido puesta en evidencia dentro de las ciencias sociales. El mismo Miller (2004), por ejemplo, se ha interesado en el modo cómo la construcción social del individuo liberal influye en el acto de consumir al interior de las sociedades modernas occidentales. Los trabajos clásicos de de Marie Douglas (2010) [1996] y de Pierre Bourdieu (1979) son particularmente pertinentes para nuestro estudio en la medida en que vinculan la cuestión del consumo a la de la desigualdad social. A continuación presento una descripción general de las ideas de estos autores.

En el marco de una crítica contra el hombre abstracto y unidimensional del pensamiento económico neoclásico, Mary Douglas y Baron Isherwood (2010) propusieron abordar las prácticas de consumo en términos del orden social y de la cultura. Así, desde una perspectiva más bien estructuralista, Douglas e Isherwood caracterizaron los bienes de consumo como elementos de un sistema de información que expresaba las diferencias y distancias entre los diferentes miembros de la sociedad. De este modo, para ambos autores, los bienes de consumo representaban algo así como hitos o marcas identitarias claramente legibles que demarcaban límites y jerarquías sociales. En lo que se refiere a las sociedades modernas, Douglas e Isherwood consideraban que los patrones y bienes de consumo (su distribución, frecuencia y normas culturales de circulación) tienden a subrayar las diferencias culturales entre las clases sociales.

Douglas e Isherwood propusieron utilizar el modelo macroeconómico que distingue entre los diferentes sectores productivos de las sociedad (el agrícola, el industrial y el de los servicios) como una metáfora para entender las prácticas de consumo al interior de las unidades domésticas y las relaciones de desigualdad dentro de las que éstas están insertas. Estos autores observaban, por ejemplo, que las naciones que tenían un sector terciario más amplio eran por lo regular las más ricas o "desarrolladas" (las sociedades europeas y norteamericanas), mientras que las que tenían economías eminentemente rurales eran por lo regular pobres o poco "desarrolladas". Para estos autores, dicha correlación podía ser utilizada para ilustrar las desigualdades al interior de la sociedad, entre las unidades domésticas que la componen. Así, *grosso modo*, Douglas e Isherwood subrayaban el hecho de que mientras los bienes de consumo en los que más invierten las clases populares son predominantemente bienes de primera necesidad (comida, ropa, alojamiento), y las clases medias destinan la mayor parte de sus ingresos a bienes, digamos, "tecnológicos" (televisiones, teléfonos, radios), las clases altas, por el contrario, consumen una gran cantidad de bienes de información, de esparcimiento y de servicios (educación, viajes, deporte). Lo que nos interesa destacar aquí es que, desde el punto de vista de estos autores, a cada clase social corresponde un patrón de consumo culturalmente—y no sólo económicamente—determinado.

Pierre Bourdieu (1979 y 1990) desarrolló una teoría mucho más compleja sobre el modo cómo las prácticas de consumo reproducen la desigualdad en las sociedades modernas. Bourdieu partía del hecho de las lógicas de consumo son similares en los diferentes ámbitos de la vida social (el arte, la gastronomía, el deporte). Esto es, en todos ellos siempre hay un grupo que domina mejor "las reglas de juego" y que, por tanto, excluye a otros también interesados en los mismos bienes o prácticas. Bourdieu llamaba dichos ámbitos de la vida social "campos sociales". Vistos en su conjunto, agregados, todos esos campos daban forma al "espacio social" total. Dentro de éste, las clases sociales resultaban de la posición más o menos análoga que las personas ocupaban en los diferentes campos aglutinados. Bourdieu clasificó los bienes en disputa en tres clases: los capitales económicos (riqueza, bienes materiales), los capitales sociales (redes y relaciones personales y familiares) y los capitales simbólicos (los relacionados con el arte, la educación, la diversión, etc.). Según Bourdieu, la sociedad (el "espacio social") está conformada o resulta de la distribución de los distintos capitales económicos y culturales y tiene como principios estructurantes el volumen y la estructura de los capitales que las clases se apropian diferencialmente. El volumen, en este sentido, se refiere simplemente al carácter cuantitativo del capital (más o menos riqueza económica, por ejemplo), mientras que la estructura hace referencia a su composición (presencia o ausencia de capitales económicos, culturales, sociales, en un mismo individuo).

Un aspecto sumamente importante de la teoría de Bourdieu es que, a diferencia de Douglas e Isherwood, él no concebía los actos de consumo como derivados de una lectura consciente y racional del valor comunicativo de los medios de consumo, sino como hábitos incorporados de modo inconsciente en el individuo a partir de sus experiencias de vida. Bourdieu utilizaba la noción de *habitus* para referirse a este hecho. En efecto, Bourdieu planteaba que los gustos y los bienes de consumo forman parte de un proceso de condicionamiento psicosocial que opera a nivel inconsciente y que permite la reproducción de las posiciones sociales a través de las maneras, percepciones y apreciaciones de las personas. Bourdieu afirmaba que, al incorporarse en gustos y preferencias la posición de los "agentes" dentro del espacio social (estos es, al transformarse en habitus), los condicionamientos sociales así interiorizados se ajustan a la lógica de la dominación de clase. Así, por ejemplo, Bourdieu consideraba que mientras los procesos del habitus reproducen en las clases dominantes el sentido de distinción y el poder económico-cultural, en las clases medias reproducen la "buena voluntad cultural" y el impulso por emular a las clases dominantes. El gusto popular, según esta lógica, se ajusta a la condición trabajadora de las clases dominadas y se manifiesta como la preferencia por lo necesario y funcional. Insistamos en el hecho de que, para Bourdieu, las clases sociales no se definen por uno solo de los factores que componen el espacio social, sino por el conjunto de homologías que, a partir de campos diferentes de la práctica, aglutinan individuos (agentes) en posiciones similares.

En resumen, para este autor, el análisis socioantropológico de las prácticas de consumo cultural debe comprender las condiciones sociales que en ellas se transmutan inconscientemente así como la lógica simbólico-clasista de la que dichas prácticas son parte.

Mary Douglas y Pierre Bourdieu nos ofrecen enfoques teóricos y conceptos interesantes para el estudio del medio sonidero en tanto que espacio de consumo. Un aspecto importante—que no hemos de desaprovechar en este trabajo—es que ambos nos permiten abordar la cuestión de la desigualdad y de las relaciones de poder que se expresan en las prácticas de consumo. Empero, al mismo tiempo, estos dos autores nos presentan una visión de los bienes de consumo que no nos dice mucho con respecto a su producción. Pareciera que para Douglas y para Bourdieu los bienes de consumo están simplemente ahí y que los individuos no deben sino tomarlos en función de su habitus (Bourdieu) o de la lectura que ellos hagan del sistema de comunicación que dichos bienes representan (Douglas). El proceso y las condiciones de creación, de proliferación y de difusión de esos bienes se quedan entonces tras bambalinas. Trataremos de subsanar ese defecto insertando las reflexiones de Douglas y Bourdieu en un debate más amplio. Este modo de proceder es necesario si en verdad queremos comprender cómo el medio sonidero de consumo de la música popular se inserta dentro de la evolución reciente del espacio urbano poblano y de la lógica capitalista que se encuentra en el corazón de dicha evolución.

Un buen punto de partida puede ser el revisitar un viejo debate filosófico, a saber, el que se refiere a la relación entre economía y cultura, o, puesto en los términos de un marxismo más o menos ortodoxo, la cuestión de la relación entre base económica y superestructura ideológica.

La producción simbólica (2002a) [1979], un libro interesante y poco valorado dentro de la producción de Néstor García Canclini, nos ofrece una excelente puerta de entrada a esta cuestión. En este libro, García Canclini realiza una revisión de las principales teorías que han sido formuladas al interior de la sociología del arte para explicar la relación entre el orden socioeconómico y el trabajo artístico. García Canclini inicia con solidez su reflexión citando la crítica sartreana contra los enfoques típicamente marxistas para el estudio del arte, crítica que dice (palabras más, palabras menos): el marxismo puede decirnos porqué un creador (digamos, un pintor expresionista) es un artista burgués, pero no puede decirnos porque la obra de este mismo artista burgués (nuestro expresionista) es diferente de la de otro artista también burgués (digamos, un impresionista). A partir de esta excelente pregunta, García Canclini revisa cómo diferentes perspectivas han intentado dar cuenta de las especificidades del arte y de su vínculo con el contexto socioeconómico.

Después de referirse a lo que escuelas como el interaccionismo simbólico y el estructuralismo han planteado sobre el particular, García Canclini centra su estudio en lo que el marxismo ha dicho y puede decir al respecto. La discusión medular para esta perspectiva es la relativa a la relación existente entre, por un lado, la obra de arte y su creador—el artista—y, por otro, la formación socioeconómica en que ambos están insertos.

En esta lógica, García Canclini intenta desentrañar el sentido sociológico que la metáfora arquitectónica "estructura-superestructura" puede representar para la concepción marxista del hombre y de la sociedad. Para ello este autor analiza los distintos enfoques que a partir de dicha concepción se han desarrollado. Dado que la interpretación más simple de esta metáfora (esto es, la que ve en la superestructura el mero reflejo de la estructura económica) no resulta satisfactoria—pues, más que explicar la relación entre ambas se deshace de ésta última convirtiéndola en una sombra pasiva de aquélla-, García Canclini explora tres interpretaciones alternativas. La primera supondría la presencia de cierta autonomía relativa de la superestructura con respecto a la estructura, la segunda hablaría de una relación dialéctica entre ambas, y la última admitiría la existencia de mecanismos de mediación entre la ideología y la formación económica. Ninguna de estas interpretaciones es plausible, afirma García Canclini, pues todas ellas *reifican* la metáfora, esto es, convierten lo que es una imagen del sentido causal y explicativo del análisis materialista en una representación puntual de la sociedad. Así, desde el punto de vista de estas tres posibilidades explicativas, la estructura y la superestructura coexistirían en la realidad como elementos perfectamente diferenciados y delimitados.

En contraste, García Canclini asevera que toda aproximación materialista de la cultura—y, en este caso en particular, del consumo cultural—y de su relación con el contexto socioeconómico general, debe comenzar por concebir a la primera no como un fenómeno social existente sobre o separada de la formación socioeconómica existente, sino *dentro* de ella. En consecuencia, para García Canclini, el análisis cultural debe comenzar por identificar la manera mediante la cual las formas de producción, de distribución y de consumo de la obra artística se articulan *al interior del* orden socioeconómico más amplio. Esta afirmación es válida no sólo para el arte en tanto campo de consumo estético, sino para toda práctica de consumo cultural (como es el caso del medio sonidero que nos interesa en este trabajo). Para García Canclini el análisis de la relación arte-sociedad debe también incluir la manera cómo el aspecto simbólico-comunicativo de la obra artística y de su producción se vincula al contexto cultural más amplio. Así, es precisamente una articulación singular al contexto socioeconómico y cultural, y una organización específica de la producción, de la circulación y del consumo de los bienes culturales lo que determina su carácter hegemónico, masivo o popular.

Ahora bien, años después, en *Culturas híbridas*, García Canclini profundizó sus ideas y expandió su reflexión a la cuestión de la cultura popular (que ya había tratado de modo más directo en una obra anterior: García Canclini, 2002b). En *Culturas híbridas*, García Canclini plantea que ante la existencia creciente de procesos de mezcla y entrecruzamiento cultural es imposible mantener la diferenciación típicamente moderna entre cultura popular, cultura de masas y cultura hegemónica (lo que de alguna manera sugiere la disipación de las culturas de clase). Mi punto de vista es diferente. A mi juicio, la innegable existencia de procesos de hibridación cultural no implica la desaparición de las diferencias de clase, ni de la participación desigual y diferente que, en la producción de esta cultura híbrida, tienen los diferentes miembros de la sociedad. Ello se debe, en gran parte, al hecho de que los procesos de hibridación cultural que García Canclini describe en su obra no han anulado la intensificación de las desigualdades sociales (que también son culturales y políticas) asociadas a las sociedades latinoamericanas. Por lo demás, como Pablo Alabarces (2012) lo ha planteado, el concepto de hibridez parece sobre-enfatizar un aspecto que ha siempre caracterizado todos los procesos culturales, por lo que su supuesta relevancia histórica contemporánea parece inmerecida. Comparto, en este sentido, la opinión de Gilberto Giménez, quien escribía a finales de 1990:

> Hay en toda esta argumentación [Giménez se refiere aquí a los planteamientos de García Canclini en *Culturas híbridas*] una enorme falacia que confunde la apropiación de motivos o temas populares con la hibridación canceladora de fronteras culturales; y que supone erróneamente, que lo culto y lo popular se definen por su contenido, y no por su código o la sintaxis que los hace funcionar, como quería Gramsci, o por la posición sociocultural de los actores o colectividades que le sirven de soporte, como quería Cirese (Giménez, 1995: 14)

Pero volveremos un poco más adelante sobre la cuestión de lo popular. Es posible afirmar por lo pronto que las prácticas de consumo cultural son sociológicamente explicables en términos de *a)* la base material que permite la producción, la difusión y el consumo de los bienes en cuestión, *b)* de la organización específica de esta base material según las instituciones a las que esté asociada (los medios masivos de comunicación, por ejemplo) *c)* y de la articulación de esta base material y del contenido simbólico que implica al contexto socioeconómico y cultural más amplio (lo que incluye las culturas de clase y las diferencias identitarias de género o de etnicidad).

Puesto que en este libro nos interesan no sólo las condiciones materiales sino también—y sobre todo—las prácticas sociales que hacen posible la existencia del medio sonidero en tanto que espacio de consumo popular musical, es pertinente ahondar un poco más en nuestra reflexión a propósito de la relación existente entre práctica y cultura. Como lo dijo William Roseberry (1989) en su crítica de los planteamientos de Clifford Geertz: antes que ser un texto, la cultura es un discurso. Es decir, el conjunto simbólico que la compone sólo revela de modo íntegro su sentido en la medida en que es ligado al grupo que los formula y a su circunstancia histórica y social. Así, mediante una lectura, digamos, intrínseca o descontextualizada podemos engañarnos y pensar que hemos comprendido la pelea de gallos en Bali incluso cuando nos hemos limitado al estudio de su significado "interno", mientras hemos dejado de lado el hecho de que se trata de una actividad de la que están excluidas las mujeres y que tiene, además, cierto carácter clandestino. Por el contrario, la cultura es mejor comprendida si se la concibe no como un conjunto de significados dados y fijos sino como un proceso continuo de simbolización en la experiencia histórica, dentro de la práctica.

"El símbolo informa la práctica—dice E. P. Thompson en su estudio de la cultura popular inglesa del siglo XVIII—pero la coherencia de las formaciones culturales surge no tanto de una estructura inherente cognoscitiva como de un campo de fuerzas determinado y de una oposición sociológica" (Thompson, 1993: 43). De este modo, por ejemplo, podemos explicar y comprender de mejor manera el surgimiento de los movimientos milenaristas en la Inglaterra del siglo XVIII si, en lugar de limitarnos al texto cultural que representan, ligamos su existencia a las transformaciones que en aquel entonces afectaban la organización del trabajo y la tradición artesanal inglesa. El símbolo informa la práctica, pero la práctica condiciona al mismo tiempo al símbolo. En su estudio sobre el significado social del azúcar, Sidney Mintz expresa de modo más claro la misma idea:

> There are plainly two different senses of the term 'meaning' here. One refers to what might be called 'inside' kinds of meaning—inside the rituals and schedules of the group, inside de meal or eating event, inside the social group itself—the meanings people indicate when they are demonstrating they know what things are supposed to mean [...] The other sort of meaning can be grasped when one considers what

consumption, and its proliferated meanings for the participants, can signify for a society as a whole, and especially for those who rule it" (Mintz, 1985: 151–153)

De la relación entre práctica y símbolo, entre actividad social y consciencia se ocupa Raymond Williams (1980) en su artículo "Base and Superstructure in Marxist Cultural Theory". Al igual que el trabajo referido de García Canclini, este texto clásico consiste en una discusión en torno a la pertinencia de la distinción entre base y superestructura en el estudio de la cultura y el arte. Williams afirma que si bien es cierto que la idea de la base y la superestructura ha dado lugar a muchos errores y a percepciones mecanicistas de la relación entre cultura y formación económica, su utilidad es indiscutible en la medida en que proporciona un principio de explicación causal de la cultura. De lo que se trata, dice Williams, es de presentar la base en un sentido amplio, no únicamente como el conjunto de relaciones sociales en que se organiza la actividad económica productiva, sino, de modo más amplio, como *el conjunto de la actividad humana organizada*. De este modo, según Williams, la explicación causal del análisis cultural marxista debe centrarse tanto en el fabricante de pianos (práctica económica) como en el pianista (práctica cultural).

Al considerar al arte como una práctica social, Williams dirige sus críticas a quienes ven en la obra de arte un simple objeto de consumo pasivo:

The relationship between the making of a work of art and its reception is always active and subject to conventions, which in themselves are forms of (changing) social organisation and relatioship, and this is radically different from the production and consumption of an object. It is indeed an activity and a practice and its accessible forms, although it may in some arts have the character of a singular object, it is still only accessible though active perception and interpretation. (Williams, 1980: 421–422)

De esta manera, el análisis cultural debe concebir los gustos, los bienes de gusto y el consumo de éstos últimos en relación con las prácticas a las que se integran y que conforman su producción y percepción: "what we are actively seeking is the true practice which has been alienated to an object, and the true conditions of practice (…) which have been alienated to components or to mere background" (idem: 423). En este sentido, las prácticas culturales que nos interesan en este trabajo son aquellas actividades que, relacionadas tanto con la producción como con el consumo del medio sonidero, son distintivas y configuradoras de las identidades juveniles, en particular de aquellas propias a las clases populares de la ciudad.

Cultura popular

Como ya lo he comentado, el medio sonidero es un espacio de consumo de las clases populares poblanas, lo que hace que su estudio esté ineludiblemente ligado al de las culturas populares. Ello no quiere decir, desde luego, que el análisis de este medio deba limitarse al estudio de sus componentes de clase. Como ya lo hemos visto en la sección sobre las culturas juveniles, éstas implican elementos identitarios que conciernen el conjunto de la pluralidad de aspectos de la vida social (el género, la etnicidad, por ejemplo) y no sólo la cuestión de la clase social. Empero, no por ello el estudio de ésta última deja de ser importante. En este sentido, considero con Slavoj Žižek (2000) que la visión que opone el estudio de las clases sociales, por un lado, al análisis de las identidades étnicas o de género, por otro, es falsa. Si se nos pide escoger entre ambas estrategias de estudio, optamos entonces, siguiendo la reflexión de Kojin Karatani (2003) y de Slavoj Žižek (2009), por el espacio que media entre las dos y que las constituye como opciones para así, mediante un desplazamiento paraláctico del análisis, acceder al conjunto de la problemática (en nuestro caso: obtener una visión lo más completa posible del fenómeno sonidero).

La falsa disyuntiva entre el estudio de las culturas de clase y el de las identidades étnicas o de género jugó por muchos años en contra de los estudios sobre cultura popular en América latina. De ahí que la temática haya sido relativamente abandonada por un largo periodo de tiempo y que todo esfuerzo por retomarla esté obligado, en nuestros días, a desempolvar algunos viejos clásicos (Gramsci, Thompson, Bourdieu). Ya sea porque, en el contexto del neoliberalismo rampante, estudiar las culturas de clase se volvió poco rentable en términos de acceso a fondos de investigación o ya sea porque los efectos de este mismo neoliberalismo sobre la academia fueron simplemente enceguecedores, la cuestión de lo popular devino repentinamente ininteresante, diluyéndose lentamente en la temática vaga del consumo masivo o mediático (Alabarces, 2012). Y ello en un contexto, recordémoslo, en el que las sociedades latinoamericanas se hacían cada vez más desiguales y excluyentes (véase Brieger, 2002).

En efecto, la cuestión de lo popular está directamente relacionada con la de la desigualdad social, pues se refiere, en términos generales, a la cultura de los grupos subordinados y a las características que esta cultura adquiere dentro de los procesos hegemónicos de negociación políticocultural en que dichos grupos están inmersos. Así, al hablar de la cultura popular estamos refiriéndonos de modo importante a una cultura (o culturas) de clase y a un orden social desigual, producto de importantes relaciones de dominación. Estudiar la cultura popular significa, en consecuencia, estudiar la configuración cultural y política de las clases subordinadas y la relación que éstas mantienen con las clases medias y hegemónicas. El estudio de la cultura popular contemporánea (urbana y rural) implica, además, el análisis del peso que en la configuración de ésta tiene el desarrollo de las industrias culturales, pues la experiencia cultural de las clases subordinadas está en amplio contacto con éstas. De hecho, el desarrollo de nuevas tecnologías de comunicación (y de la consecuente "nueva" e industrializada forma de producción cultural) impulsó, durante la primera mitad del siglo XX, el estudio científico y la reflexión filosófica sobre la cultura popular al modificar en gran medida las relaciones culturales y políticas interclasistas (véase Ewen, 1991).

El interés de científicos sociales y filósofos por explicar y comprender la constitución cultural de las clases subordinadas ha originado muy diversos modelos explicativos, mismos que podemos agrupar en tres grandes tendencias históricas[2].

Podemos hablar, en primer lugar, del enfoque de tipo moderno y "pesimista" que ve en la cultura popular de inicios del siglo XX el producto de la enajenación del pueblo y de la banalización del arte, tendencia que, según Edgar Morin, se desprende de la "resistencia global de la clase intelectual o cultivada a admitir la nueva cultura" (Morin, 1986). Dentro de su reflexión sobre el acelerado desarrollo de la industrialización y de la mecanización de la vida cotidiana así como sobre la participación del "pueblo" en la construcción del facismo o del nazismo, este enfoque concibe la cultura de las clases subordinadas como el conjunto de hábitos culturales que al orden social capitalista le conviene fomentar para su propia reproducción. Se trata, entonces, de una cultura del consumo (Marcuse et Adorno) cuya antítesis es la cultura artística. Paradójicamente—como lo ha señalado Henry Giroux (1997)—, al presentar esta diferenciación valorativa entre el arte y la cultura popular, el marxismo de la Escuela de Fráncfort (sobre la que volveremos más tarde) coincide con el punto de vista positivista y conservador (Ortega y Gasset, Mathew Arnold), que califica de "apocalíptica, anárquica y trivial" a la cultura popular y de "exquisita y dulce" a la cultura artística (véase también Bigsby, 1982: 302). Empero, la reflexión de la escuela de Francfort no deja de ser relevante en la medida en que se refiere al modo como las clases populares pueden participar activamente, en determinadas condiciones históricas, en la construcción de Estados totalitarios. El principal problema de este enfoque es quizás el de reducir la cultura popular a una cultura homogénea, masificada y políticamente opresiva.

El optimismo subversivo propio al ambiente de postguerra de la segunda mitad del siglo XX informa la segunda tendencia de estudios sobre cultura popular. Al valorar a ésta como acción política declarada, como esperanza revolucionaria o como sensualidad subversiva, este punto de vista asigna a la cultura subordinada una finalidad intrínseca, supuestamente transformadora y progresista. El espectro de intelectuales que comparten esta perspectiva es amplio, y va desde pensadores liberales y postmodernos (como Angela McRobbie o Leslie Fiedler, quien, por ejemplo, hablaba de "la libidinosa vitalidad de la cultura popular" y de su

---

2 Una excelente reflexión sobre estas y otras perspectivas puede ser encontrada en González Sánchez, 1983

naturaleza "vital, subversiva, exuberante, antiautoritaria, liberadora y gozosamente anárquica"), pasando por historiadores culturales (De Certeau 1996) hasta marxistas inmersos en la lucha revolucionaria (Cabral, 1985). La cultura popular es para esta visión el opuesto puro, antagónico y radical de la cultura dominante. Se piensa, de esta forma, en una cultura auténtica, rebelde, esencialmente revolucionaria o independiente de las relaciones de poder con la clase dominante; se le disocia, en consecuencia, de los procesos de explotación/resistencia económica y hegemonía/negociación política en que están involucradas las clases subordinadas. El acierto de esta perspectiva es, sin duda, el de dirigir nuestra atención hacia el hecho de que "el carácter social que estructura las formas populares puede contener las posibilidades y potencialidades irrealizadas necesarias para formas más democráticas y humanas de comunidad y formación colectiva" (Giroux 1997: 225)

Aunque desde distintas perspectivas teóricas y con diferentes matices, los estudiosos incluidos dentro de la tercera perspectiva (que es más bien contemporánea) aseveran que el problema relativo a la cultura de las clases populares y a sus relaciones políticas con la clase dominante no debe ser abordado como una cuestión de todo o nada, de total dominación o de implacable y espontánea resistencia. El estudio del conflicto cultural interclasista debe reconocer su carácter relacional y la existencia de fenómenos de circulación y apropiación político-cultural interclasista. La cuestión del Estado ocupa también un lugar central dentro de esta problemática. En este sentido, la mayoría de los autores de esta tendencia retoman la noción gramsciana de hegemonía, según la cual la relación política entre las clases no se expresa sólo en términos del ejercicio del poder coercitivo sino también en términos de la búsqueda del consentimiento cultural/político (Gramsci, 1978). En esta lógica, en su estudio sobre la cultura popular inglesa en el siglo XVIII, E. P. Thompson (1984) utiliza, por ejemplo, la metáfora de un campo de fuerzas para describir esos procesos, dicho campo de fuerzas expresaría "las polaridades dialécticas—antagonismos y reconciliaciones—entre las culturas refinadas y plebeyas". Desde esta perspectiva, no es posible hablar de total dominación ni de completa resistencia, sino de relaciones de poder negociadas, conflictivas y contradictorias, que implican consentimientos a veces suspicaces, apropiaciones culturales y enfrentamientos simbólicos y reales[3].

---

3 Desde esta perspectiva, la posición del antropólogo ante las prácticas populares no es entonces ni laudatoria ni condenatoria, sino muy próxima de la visión comprensiva que, como por efecto de contraste, se desprende del pensamiento de Mary Douglas cuando comenta: "If we do not know how the poor live, it can only be that we have selected against them in the constituting of our consumption rituals, and have declined invitations to join their celebrations" (Douglas, 2010, 154)

Los estudios realizados desde esta perspectiva se interesan cada vez más en la cuestión de la participación de las clases populares en los procesos de construcción del Estado y en la reproducción de grandes procesos socioeconómicos (véase, por ejemplo, Auyero 2001, Joseph y Nugent, 2002b, Gómez Carpinteiro 2005; Lazar 2008 y Newell, 2012). Para los autores de estos estudios, la emergencia y la transformación del poder estatal no pueden ser entendidas sino a condición de vincularlas con las prácticas culturales y las construcciones identitarias de los diferentes grupos de la sociedad, y viceversa. Sasha Newell (2012), por ejemplo, ha estudiado el modo como las prácticas culturales de los jóvenes de clase popular de Costa de Marfil no pueden ser comprendidas sino a la luz de la evolución del sistema político marfileño. Newell muestra, por ejemplo, como la popularidad creciente de la vestimenta de tipo *hip-hop* entre los jóvenes de ese país está estrechamente ligada al desplazamiento, entre las élites políticas de esa nación, de grupos de poder que durante décadas promovieron la adopción de hábitos de tipo europeo (francés) como una marca de modernidad y distinción entre los marfileños. La decadencia de esa elite y la presencia creciente del poder norteamericano en la región, favorecieron la emergencia de un nuevo poder político y de una nueva moda vestimentaria, misma que estuvo también asociada a a) la evolución de los patrones migratorios de la sociedad marfileña y a b) la participación desigual de los grupos étnicos de esa nación africana en el proceso de urbanización (Newell 2012).

En un contexto diferente Sian Lazar (2008) ha estudiado el modo cómo ciertas prácticas populares de los habitantes pobres de la ciudad de El Alto han favorecido el cambio de regimen político en Bolivia. Lazar subraya, por ejemplo, el hecho de que algunas actividades colectivas de tipo festivo, de tomas de decisiones y de negociación con las autoridades de esa ciudad boliviana han permitido a los habitantes de sus barrios pobres el desarrollar una especie de ejercicio colectivo y reivindicatorio de la ciudadanía. Lazar propone incluso que algunas relaciones de tipo clientelar entre líderes locales y grupos populares deben también ser abordadas desde esta perspectiva (véase Lazar 2008). El estudio de Lazar coincide a este respecto con el de Javier Auyero, quien ve en la existencia de diferentes estructuras clientelares en Argentina una suerte de medio de participación popular en la construcción del poder político y de la ciudadanía... y no sólo simples mecanismos unidireccionales de dominación política (Auyero 2001). Ambos trabajos nos sugieren la idea de que las prácticas colectivas populares (festivas, económicas o políticas) deben ser vistas como elementos importantes para la construcción de la ciudadanía, lo que implica llevar la reflexión sobre ésta más allá del ámbito puramente individual.

Para el caso mexicano, la excelente compilación de textos realizada por Joseph y Nugent (2002a) da cuenta de la participación de diferentes tradiciones indígenas, campesinas y obreras en la construcción cultural y política del estado. En este mismo sentido, Francisco Gómez Carpinteiro (2005) ha mostrado cómo las categorías identitarias que han informado las diferentes identidades de las clases populares mexicanas (campesino, obrero, comerciante popular) tienen que ser estudiadas en función de su relación con el proceso de construcción del Estado mexicano postrevolucionario. En el caso sonidero, como veremos, la participación popular en dichos procesos políticos y económicos pasa por la inserción peculiar e inestable de los sonideros en las estructuras clientelares existentes en torno al comercio urbano ambulante.

En suma, para los estudios arriba mencionados, la condición popular de las clases subordinadas se manifiesta no como una situación de sometimiento cultural o de acción política contestataria deliberada, sino como un proceso complejo de dominación cultural en el que median fenómenos de negociación política y de circulación/apropiación cultural. Nuestro estudio del medio sonidero será desarrollado en gran medida desde esta perspectiva.

Para concluir con el contenido de esta sección, precisemos el sentido de algunos de los conceptos teóricos que son utilizados en este libro para el estudio del fenómeno sonidero en tanto que práctica cultural de las clases populares urbanas en México. De carácter general y ubicado en el ámbito de lo que podemos llamar nuestros supuestos teóricos de investigación, el concepto de hegemonía resulta fundamental para el estudio del medio sonidero en tanto que manifestación de la cultura popular, pues se refiere al modo cómo se concibe las relaciones político/culturales interclasistas y a la relación de éstas con el poder político. Se afirma, en términos generales, que las relaciones entre las clases sociales se expresan, más que en términos de dominación o de resistencia (como si se tratara—para retomar de la expresión de Daniel Nugent (1992)—de dos lados opuestos de una misma moneda), mediante complejos procesos de negociación política, de lucha por el predominio de una ideología y por el mantenimiento de un orden socioeconómico, de búsqueda de legitimidad y el consentimiento. La cuestión de la ciudadanía es una dimensión importante de esta problemática.

Los conceptos de circulación y apropiación cultural complementan la noción de hegemonía, pues se refieren al hecho de que las relaciones culturales interclasistas y los procesos hegemónicos en que se desenvuelven implican la circulación de elementos culturales de una clase social a otra. Esto significa que al intentar dar cuenta de "lo popular" (o de lo hegemónico) en una práctica cultural debemos pensar más en el contexto social de su uso y apropiación (en la práctica social a la que se integra) que en la cultura de su origen o procedencia (aunque, por supuesto, tener en cuenta esto último es importante). Los procesos de circulación coexisten con los de apropiación cultural, pues éstos últimos posibilitan el que bienes culturales originados en ámbitos externos a un grupo social sean adaptados al espacio de la experiencia propia. La experiencia cultural clasista, en este sentido, se conforma, más que por un conjunto de rasgos culturales (aunque estos sean histórica y geográficamente identificables e importantes), por las condiciones y prácticas socioculturales históricamente determinadas, mismas que configuran usos y disposiciones de clase, esto es, estilos de vida que reproducen, en los hábitos de la gente y en el marco de una relación capital con el Estado, las condiciones sociales de su existencia.

Industria cultural

La noción de industria cultural es útil para nuestro estudio del medio sonidero en la medida en que se refiere, como veremos, a la producción de bienes culturales mediante tecnologías de tipo industrial y al consumo de éstos en tanto que mercancías. Pese a sus diversos usos actuales (véase Galloway y Dunlop, 2007), la noción se desprende de una perspectiva teórica específica elaborada a propósito del estudio de la cultura y de las tecnologías de comunicación en la sociedad moderna capitalista. Esto es, no es un "nombre" dado a un conjunto de instituciones sobre las que se puede teorizar de diferentes maneras, sino es una construcción teórica en sí misma, surgida al interior del pensamiento de la Escuela de Frankfort (Horkheimer y Adorno, 1974). El concepto, según Jesús Martín Barbero (1987), fue elaborado en oposición al de "cultura de masas" con el afán de evitar "la idea de caos cultural" y, según Eugene Lunn (1984), la "ilusión espontaneista" que este último implica.

Para Max Horkheimer y Theodor W. Adorno (1974), las nuevas formas de producción cultural y los hábitos de consumo que emergen con el desarrollo de la modernidad durante la primera mitad del siglo XX, antes que ser hechos desarticulados y propios de las masas como tales, son parte integrante del orden social más amplio y responden a la lógica mediante la que éste se reproduce: la lógica de la dominación. Ésta última es la lógica del capital y de la ideología al servicio del mismo. La cultura, en este contexto, se convierte en "la industria de la diversión" que, además de integrar, como mercancías, los bienes culturales al mercado, hace "soportable una vida inhumana, una explotación intolerable, inoculando día tras día y semana tras semana 'la capacidad de encajar y de arreglarse'" (citado en Martín Barbero, 1987: 51). Estos autores plantean, de este modo, que la industria cultural actúa por dos vías, pues, por una parte, reproduce el capitalismo en tanto que hecho económico y, por otra, legitima dicha reproducción al nivel de las prácticas culturales de los individuos: "Through the total absorption of both musical production and consumption by the capitalist process, the alienation of music from man has become complete" (Adorno, citado en Paddison, 1993: 98). Herbert Marcuse, también miembro de la escuela de Frankfort, se refería a dicho proceso en estos términos:

Si las comunicaciones de masas reúnen armoniosamente y a menudo inadvertida-
mente el arte, la política, la religión y la filosofía con los asuntos comerciales, al hacerlo
conducen estos aspectos de la cultura a su común denominador: la forma de mercancía. La música del espíritu es también la música del comercio. Cuentan los valores de
cambio, no los valores de la verdad. En ellos se centra la racionalidad del statu quo y
toda racionalidad ajena se inclina ante ellas (Marcuse, 1970: 78).

El análisis de los miembros de la Escuela de Frankfurt se centra también en las
transformaciones que "padece" el arte al interior de este orden social. La industria
cultural medra del "encanallamiento" del arte y de su producción en serie, lo cual
destruye el extrañamiento y la autonomía de éste con respecto a la sociedad y a los
"excluidos de la cultura":

> Art, however, is not social only because it is brought about in such a way that it embo-
> dies the dialectic of forces and relations of production. Nor is art social only because it
> derives its material content from society. Rather, it is social primarily because it stands
> opposed to society. Now this opposition art can mount only when it has become au-
> tonomous. By congealing into an entity unto itself-rather than obeying existing social
> norms and thus proving itself to be 'socially useful'—art criticizes society just by being
> there. (Adorno, 2000: 242)

El pesimismo cultural, la perspectiva elitista que implica y el análisis esencialista
de la tecnología y de la industria (el cual ve en esta última, como tal, la fuente de la
dominación y no en el uso histórico que de ella se haga) contrapusieron la perspectiva de Adorno y Horkheimer a la de Walter Benjamin (1973), quien, si bien com-
partía en gran medida el punto de vista de estos dos autores, disentía del mismo
en importantes aspectos. En este sentido, es necesario precisar que Benjamin no
utilizó el término *industria cultural* para referirse a las transformaciones ocurridas
en el ámbito de la cultura durante el siglo XX. Este filósofo alemán se expreso, más
bien, en términos de la *reproductibilidad técnica* que afectó en la Europa de aquellos
años la producción y el consumo del arte y de otros bienes culturales.

Según Eugene Lunn, para Benjamin era necesario tener en cuenta las posibilidades históricas de un uso alternativo de la tecnología y no pensar apocalípti-
camente la relación entre industria y cultura. Antes bien, era necesario adentrarse
en lo que para la experiencia cultural de las clases populares significaba el contacto
con la industria cultural, lo cual llevó a Benjamin a centrar sus reflexiones en los
modos de recepción de los bienes culturales y en la nueva sensibilidad originada
entre "las masas" por la época urbano/industrial: "La reproductibilidad técnica de
la obra artística—escribió Benjamin—modifica la relación de la masa para con el
arte. De retrógrada, frente a un Picasso, por ejemplo, se transforma en progresiva,
por ejemplo, frente a un Chaplin" (Benjamin, 1973: 44). Según Martin Barbero,
este modo de proceder convirtió a Benjamin en

pionero de la concepción que desde mediados de los años setenta nos está posibilitando desbloquear el análisis y la intervención sobre la industria cultural: el descubrimiento de esa experiencia otra que desde el oprimido configura unos modos de resistencia y percepción del sentido mismo de sus luchas (Martín Barbero, 1987: 63).

Autores como Edgar Morin, Jean Baudrillard, Herbert Marcuse y Jurgen Habermas, entre otros, han profundizado en el estudio de la relación existente entre cultura e industrialización desde la perspectiva iniciada por los teóricos de la Escuela de Frankfurt. Una fuerte tendencia en los estudios contemporáneos ha sido el insertar el concepto de industria cultural en el marco de los estudios sobre hegemonía y cultura popular, lo cual ha lanzado el reto de conciliar ambos conceptos. Como ya lo he mencionado, ante dicho desafío, algunos investigadores han optado por dejar de lado la dimensión política de la noción de industria cultural. Así, podemos encontrar esta estrategia en *The cultural industries* de David Hesmondhalgh, quien suprime toda alusión a la cuestión del poder al suscribir la visión según la cual "the cultural industries have usually been thought of as those institutions (mainly profit-making companies, but also state organisations and non-profit organisations) that are most directly involved in the production of social meaning" (Hesmondhalgh, 2007:12). En el marco de un posicionamiento similar, García Canclini escribe en su clásico *Culturas híbridas*:

> La noción de industrias culturales, útil a los Franfurtianos para producir estudios tan apocalípticos como renovadores, sigue sirviendo cuando queremos referirnos a que cada vez más bienes culturales no son generados artesanal o individualmente, sino a través de procesos técnicos, máquinas y relaciones laborales equivalentes a los que engendran otros productos en la industria; sin embargo, este enfoque suele decir poco acerca de qué se produce y qué les pasa a los receptores (García Canclini, 1990: 239).

En este momento es pertinente reflexionar si es del todo conveniente "neutralizar" o "despolitizar" de este modo el concepto de industria cultural. Desde mi punto de vista, sí, en la medida en que con ello nos estemos refiriendo a que las implicaciones políticas de la tecnología aplicada a la cultura no dependen de ésta como tal (de la tecnología), sino de su articulación específica a las relaciones de poder al interior de la sociedad. Sin duda, esta visión del uso cambiante e histórico de la tecnología es la que está a la base de lo escrito por William Rowe y Vivian Schelling, para quienes: "Los medios de comunicación alternativos representan un intento deliberado para imprimir una fuerza contrahegemónica a las prácticas de comunicación masiva, explorando el empleo de la tecnología de la comunicación fuera del control de la industria de la cultura" (Rowe y Schelling, 1993:144). Sin embargo, a mi juicio, el ignorar por completo la dimensión política del concepto de industria cultural equivale a deshacerse por completo del mismo, pues, cómo hemos visto, su fuerza radica precisamente en el enfatizar las funciones políticas que, con el fin de asegurar la reproducción del capitalismo, el uso de ciertas tecnologías de producción y difusión cultural puede desempeñar en un contexto histórico específico. Desde mi punto de vista, para conciliar las ideas de hegemonía y de industria cultural es necesario plantear el problema de modo diferente. Como ya lo hemos visto, las industrias culturales contribuyen a la reproducción del capitalismo de dos formas. Por una parte, reproducen las relaciones económicas capitalistas al transformar distintos bienes culturales en mercancías; por otra, legitiman dichas relaciones económicas al promover su aceptación cultural—consciente o inconsciente. Es, a mi juicio, este segundo aspecto el que requiere de más atención. ¿Cómo legitiman culturalmente las industrias culturales al capitalismo? Como hemos visto, la noción de hegemonía nos impide aceptar la idea de que las industrias culturales homogeneízan la sociedad imponiendo una ruta ideológica y cultural única y creando así al hombre/mujer unidimensional. Si así fuera, las industrias culturales no encarnarían sino el interés pragmático de las clases dominantes por imponer su ideología al ejercer un poder ideológico/cultural centralizado, único e invariable. Sin embargo, escribían Horkheimer y Adorno "son las concretas condiciones del trabajo en la sociedad las que producen el conformismo y no impulsos conscientes que intervendrían para estupidizar a los hombres oprimidos y desviarlos de la verdad" (Horkheimer y Adorno, 1974: 53). Las industrias culturales, en consecuencia, no pueden ser reducidas a las estrategias conscientes de las clases dominantes por afirmar su dominio.

Lo anterior nos lleva a considerar las industrias culturales no como una ideología ni como una institución específica, tampoco como una maquinación social propia a las estrategias e intereses de alguna clase, sino más bien como un conjunto de tecnologías de comunicación diversas, originadas y utilizadas en el seno de diferentes clases sociales y participes de distintas prácticas culturales en el marco de una lógica económica capitalista (y por tanto reproductora de relaciones de desigualdad y de dominación). Únicamente pensando así las cosas los conceptos de industria cultural y hegemonía se vuelven perfectamente compatibles y se elude la vía de la despolitización.

En síntesis, este libro se interroga por el contexto sociocultural y urbano que, mediante prácticas específicas, contribuye a la reproducción del medio sonidero, y por la relación de éstas prácticas con las industrias culturales.

SEGUNDA PARTE

Puebla

Nuestro estudio del medio sonidero será realizado con el objetivo de crear el mapa conceptual del que Frederic Jameson (1991) nos habla y cuyo fin es ofrecer al sujeto (en nuestro caso, el sujeto sonidero) "una representación renovada y superior de su lugar en el sistema global". Situar de este modo a la cultura juvenil sonidera quiere decir, a mi entender, estudiar su inserción dentro de los procesos históricos de producción socioeconómica y de construcción cultural del espacio urbano poblano (véase Low, 1996). Esto significa tanto analizar los grandes procesos económicos y políticos que han hecho posible la edificación del espacio urbano como tal (en "concreto") así como comprender las diferentes tradiciones culturales populares que al interior del mismo han emergido y perdurado. Tal es el cometido de este capítulo.

Puebla, esbozo de una historia popular

Situada en el centro de México, la ciudad de Puebla, capital del estado del mismo nombre, es la cuarta ciudad más poblada del país. Los orígenes de la ciudad han sido objeto de un largo debate entre los antropólogos de la región. Algunos la consideran como una ciudad colonial fundada por los españoles (Merlo, 2000). Otros, por el contrario, consideran que la ciudad es la prolongación en el tiempo de los asentamientos indígenas existentes en la zona desde antes de la llegada de los españoles, cuando el actual valle de la ciudad se llamaba "Cuetlaxcoapan" (Barbosa, 2000). Cualquiera que sea su origen, lo cierto es que a lo largo de su historia, Puebla ha siempre sido una ciudad diversa (véase Marín, 1989), habitada por grupos de diferentes orígenes: indígenas de la zona (especialmente Nahuas, que después de la fundación española de la ciudad vivían en los márgenes de ésta), españoles, mestizos y, más tarde, libaneses y alemanes.

Entre los mexicanos, la ciudad de Puebla tiene la reputación de ser una ciudad muy conservadora, tanto en lo político como en lo moral. Esta imagen debe desprenderse de los mitos regionales que enfatizan la importancia de la religión o de la presencia española en la fundación de la ciudad. Se dice, por ejemplo, que el peso de las campanas de la catedral poblana sobrepasa toda fuerza humana y que fueron los ángeles los que las subieron a la parte superior de sus torres. Otro mito dice que la fundación de la ciudad fue revelada al obispo de la vecina ciudad colonial de Tlaxcala dentro de un sueño. Como veremos en este apartado, la reputación conservadora de la ciudad no es del todo apropiada, pues la ciudad ha sido sede de sucesos que han logrado conmover a la región y al conjunto del país. Fue en esta ciudad, por ejemplo, que la primera sublevación armada de la Revolución Mexicana (1910–1920) tuvo lugar.

Durante la segunda mitad del siglo XX la ciudad de Puebla experimentó un acelerado proceso de expansión urbana y de reorganización económica. Si bien la etapa de mayor auge de dicho crecimiento fue la de los años ochentas (en 1985 la ciudad prácticamente duplicó el tamaño que había mantenido hasta la primera mitad de ese siglo), la aparición de nuevas colonias (barrios) y, en general, la transformación de la urbe no se ha detenido hasta nuestros días. Ahora bien, la pauta que ha guiado constantemente la expansión de la ciudad ha sido la de la desigualdad socioeconómica. Así, la aparición de distintos fraccionamientos y unidades habitacionales ha ocurrido bajo la forma de una expansión espacial de las diferencias socioeconómicas que existen entre los poblanos: los lujosos fraccionamientos residenciales y los barrios pobres—muchas veces autoconstruidos—de nuestros días pueden ser vistos, de este modo, como una manifestación concreta (material y visible) de las inequidades dentro de la sociedad en cuestión. Ciertamente, esta configuración jerárquica de la urbe no es un fenómeno reciente, pues la historia de la ciudad incluye, desde su fundación, continuos reordenamientos jerárquicos y segregacionistas. Lo anterior ha convertido a Puebla en la arena y, al mismo tiempo, el objeto de una lucha constante entre sus diversos habitantes por la definición del marco urbano de sus prácticas. En este contexto, como veremos a lo largo de este capítulo, las actividades de comercio popular han sido siempre un eje importante para la emergencia y reproducción de los usos populares de la ciudad, lo que inserta el medio sonidero en tanto que espacio de consumo cultural en una tradición económica y cultural de larga data.

Origen y desarrollo de la ciudad de Puebla: Los primeros años

La localidad de Puebla (Puebla de los Ángeles o también "Angelópolis") fue fundada al seno de la Nueva España en 1531 y obtuvo el título de ciudad en 1532 (Melé, 1994: 13). Promovida por el obispado de Tlaxcala, la ciudad se fundó con la idea de crear un asentamiento mayoritariamente español dentro una zona densamente poblada por indígenas (en tiempos prehispánicos, además de algunos poblados tributarios de los aztecas, el valle de Puebla-Tlaxcala estaba dividido entre los señoríos de Huexotzinco, Cholollan y Tlaxcallan—Lomelí, 2001: 40). La ciudad fue erigida para que fungiera como sede del poder que los españoles ejercían sobre las comunidades indias de la región y como un punto de tránsito dentro de la ruta comercial México-Veracruz. Según Eloy Méndez (1987), de acuerdo con la tipología elaborada por Jorge Hardoy para clasificar los distintos tipos de ciudades novohispanas, la Angelópolis fue construida en concordancia con el tipo "clásico" por su trazado en damero o cuadrícula (con cuadras de 167 x 83.5 m); por la edificación de una plaza mayor y de los principales edificios en torno a ésta; por la construcción de arcadas y por la presencia diseminada de iglesias con plazoletas (Méndez, 1987: 19). Esta disposición del espacio urbano materializó, a decir de Elsa Patiño Tovar (Patiño, 2002: 32–41), algunos de los principales postulados arquitectónicos utópicos del renacimiento europeo de mediados del milenio: regularidad, geometría, igualdad.

La mano de obra necesaria para la construcción de la ciudad fue traída de los poblados indígenas adyacentes. Las familias trasladadas fundaron barrios en terrenos llamados "propios" o "términos", mismos que estaban ubicados en torno a la ciudad española. Ésta última era, de acuerdo con Fausto Marín (1989), conocida como la *traza* de la ciudad colonial. En la actualidad esta zona corresponde a lo que ha sido delimitado como el centro histórico de la ciudad de Puebla (Barbosa, 1988: 44,45). La ciudad plasmó las diferencias de casta entre españoles e indígenas ubicando a éstos últimos (que provenían, en su mayoría, de los poblados de Tlaxcala, Cholula y Huejotzingo—Marín, 1989: 66–72) en espacios específicos y prohibiéndoles el traslado legalmente injustificado hacia el área española (Ibídem: capítulo V). Aparecieron así, al norte este y oeste de la ciudad, los barrios "indios" de San Francisco, Analco, Santiago, San Sebastián, San Pablo de los Naturales, San Miguel y San Antonio. A las afueras de toda la zona de la ciudad se encontraban, como en otras ciudades novohispanas, los latifundios asignados a los españoles por la Corona (véase Morales García, 2009).

El ideal renacentista de igualdad utópica que, según Patiño Tovar, acompañó la fundación de la ciudad fue rápidamente sustituido por otro más cercano a la búsqueda del lucro y del privilegio. La exención de impuestos, el establecimiento de encomiendas y la repartición de grandes extensiones de tierras fueron algunas de las medidas que, tomadas por la Corona Española para consolidar el asentamiento, sentaron las bases de un orden social dividido racial y económicamente. "Son entonces, los pasos que se van dando en la perspectiva de afianzar una utópica república igualitaria en lo social y sostenible en lo económico, los que van creando obstáculos para llegar a ella" (Patiño, 2002: 50,51, véase también Marín, 1989).

No obstante su carácter segregacionista, Puebla contó durante la Colonia con espacios en los que era posible la convivencia entre los diversos grupos de la sociedad. El principal de estos espacios era la plaza central, el Zócalo, pues ahí se realizaba un tianguis (mercado popular y trashumante) en el que, aunque sólo se permitía ejercer la venta a los indígenas, todas las castas de la sociedad podían participar como consumidores. Los españoles, por su parte, participaban en el comercio únicamente desde los portales de la plaza principal. Esta situación posibilitaba la "integración social" y hacía del "espacio para el abasto de alimentos básicos [un espacio] multisocial" (Milián, 1994: 44). Este tianguis poblano colonial parece confirmar entonces el panorama descrito por Celia Salazar Exaire, quien escribe:

> La ciudad novohispana representa un espacio multicultural en que el poder que domina no anula la fuerza liberadora de la existencia individual de las personas que pertenecen a diferentes grupos sociales, permitiendo, de esta forma, la convivencia a pesar de las situaciones de conflicto que genera la acomodación del espacio social que autoritariamente les es asignado (Salazar, 2001: 317)

Puesto que la ciudad de Puebla fue edificada con el objetivo económico de crear un centro abastecedor de granos para la ciudad de México, la economía colonial poblana estuvo ampliamente basada en la agricultura y la ganadería (Lomelí, 2001: 73,74). En un principio, mediante la encomienda y el repartimiento y, posteriormente, a través de mercedes reales, los españoles desarrollaron, al igual que los indígenas en sus tierras comunales, una explotación intensa de sus terrenos, misma que prolongó el auge económico de la región hasta mediados del siglo XVII (Ibídem: 73–79). Leonardo Lomelí Vanegas destaca como el hecho más significativo de dicho siglo la aparición de los obrajes textiles, que colocaron a Puebla en una posición descollante no sólo dentro de la Nueva España, sino también dentro del conjunto de las colonias españolas en América, pues sus productos llegaban hasta el Virreinato del Perú (Ibídem: 77–78). Esta manufactura, como veremos más adelante, permanecería por mucho tiempo ligada al desarrollo de la economía poblana.

El apogeo económico poblano terminó a finales del siglo XVII, pues la ciudad entró entonces en una etapa de relativa decadencia. "La crisis—apunta Guadalupe Milián—se debió principalmente a que esta región, por su situación de lejanía geográfica, no estuvo en condiciones de incorporarse al auge minero de la región constituida por Guanajuato, Zacatecas y San Luis Potosí" (Milián, 1994: 47). Otras causas de esta situación fueron (véase Lomelí, 2001: 101–103):

a) el desarrollo de otras zonas agrícolas del país, cuyos productos—en especial los provenientes del Bajío—compitieron con los poblanos en el mercado abastecedor de la ciudad de México;

b) el decremento de la producción agrícola del valle, cuyos suelos se agotaron debido a la sobreexplotación, y

c) la creación de la feria de Jalapa (1722), que poco a poco debilitó la posición privilegiada de la ciudad de Puebla dentro de la ruta comercial México-Veracruz.

Así fue como, estimulada antaño por las inundaciones que continuamente agobiaban a la ciudad de México y por el éxito de la economía poblana, la vieja aspiración de convertir la Angelópolis en la capital alterna de la Nueva España se desvaneció paulatinamente entre los grupos dominantes de la región.

Puebla y el México independiente

La recuperación económica de la ciudad ocurriría hasta finales siglo XIX y los comienzos del XX, durante el Porfiriato. Entonces la mejora de las vías de comunicación (carreteras, ferrocarril) y el apoyo "incondicional a los intereses de los inversionistas nacionales y extranjeros" (Ibídem: 278) dieron lugar a un nuevo periodo de crecimiento de la industria poblana y del comercio. La producción textil actualizó su maquinaria y contribuyó a la reestructuración (o a la desaparición parcial) del conjunto de oficios de origen colonial que habían estado asociados a esta rama de la economía hasta ese entonces (Milián, 1994: 47, 48). Durante este periodo florecieron nuevos tipos de establecimientos en lo que a partir de entonces comenzó a convertirse en el centro de la ciudad. Los giros comerciales, además, se diversificaron. Surgió un incipiente mercado "moderno" asociado, en parte, a capitales extranjeros. Así, "a las tradicionales tiendas de telas, ropa o calzado se añadieron agencias de publicaciones, que ponían a disposición de los lectores poblanos las últimas novedades editadas en Barcelona, ya desde entonces próspero centro editorial" (Lomelí, 2001: 280).

Los nuevos y modernos establecimientos "de corte europeo" redibujaron el aspecto decimonónico de la *traza* urbana. Aparecieron entonces modernas casas comerciales (como La Ciudad de México, La sorpresa, El Puerto de Liverpool, Las Fábricas de Francia, El nuevo Siglo, Au Bon Mouche y La Parisienne—Milián, 1994: 56). La modernización arquitectónica del centro, que estrenó, entre otras edificaciones, el palacio municipal y la penitenciaría, se coronó durante el porfiriato con la versión poblana del Paseo de la Reforma, a saber, la Avenida Juárez (1903). Ésta fue paulatinamente rodeada, en su parte más cercana a la ciudad, por "importantes residencias" de arquitectura vanguardista (Melé; 1994: 121).

Se reconformó entonces el carácter segregado del espacio urbano poblano. El patrón discriminatorio basado en lo étnico y racial—distintivo de la Colonia— fue sustituido (o actualizado) por los estándares culturales que las aspiraciones modernas imponían a las clases acaudaladas. La ideología positivista y el "afrancesamiento" de la cultura dominante promovieron entonces una "ciudad jardín" higiénica y moderna (Montero, 2002: 13–84) e intentaron dar un carácter más secular al espacio urbano. La ciudad dejó de ser "de los ángeles" y devino "de Zaragoza" en honor al héroe texano de la Batalla del 5 de mayo. A partir de entonces, por ejemplo, a las actividades comerciales del centro de la ciudad (y a su carácter indígena y, a la vez, "multisocial") se opuso un proyecto de modernización comercial que enarbolaba una nueva "espacialización" de las diferencias sociales. De este modo

> … queda signada, para esta época, la consolidación de la diferenciación social en la comercialización: una zona comercial para la venta de mercancía extranjera situada en los portales y en las calles más próximas a la plaza destinada a las clases acomodadas; y una zona de comercialización popular situada alrededor del mercado La Victoria y del Parián en la cual se encontraban los productos de la región (Milián, 1994: 56)

Los usos populares del espacio urbano fueron reprimidos y normados en nombre de la "regeneración moral de nuestros pueblos" (véase Estrada, 2001: 336). La venta callejera de comida, las corridas de toros, el consumo del pulque y el comercio ambulante fueron excluidos de las partes céntricas de la ciudad (Ibídem: 334–349), lo que respondió al intento de "propiciar, para los grupos dominantes, el uso irrestricto, social y económicamente rentable de los espacios urbanos más cualificados" (Milián, 1994: 60). En el caso, por ejemplo, de los figones—que eran establecimientos donde se vendía comida a bajo precio-, un reglamento elaborado en la época estableció un área céntrica en la que éstos no debían ubicarse, aunque sí permitía, dentro de la misma área, la presencia de restaurantes y fondas— asociados a consumidores de clase media y alta (Montero, 2002: 21,22)

La zona norte de la ciudad devino de este modo un espacio renegado. Se instauró ahí, en 1905, el que durante gran parte del siglo sería el principal bastión del comercio popular: el mercado La Victoria. Además, dentro de esta misma zona, en el barrio de San Antonio, los poderes públicos definieron el área en que la prostitución habría de ejercerse una vez que fuera proscrita del resto de la ciudad (donde anteriormente podía ejercerse siempre y cuando se respetara un amplio radio de exclusión—Estrada, 2001: 339–350). El cuadrante norte del centro de la ciudad conservaría hasta bien entrados los años setenta del siglo XX ese carácter popular. Dicha persistencia podría estar vinculada, como lo sugiere Mireya Viladevall (2001), a la permanencia de usos populares que podrían datar incluso de tiempos coloniales. Así, Viladevall habla de la posible existencia colonial de algo así como una Plaza principal indígena y alternativa en esta parte de la ciudad:

> en la Ciudad de Puebla cabe decirse que además de la Catedral que se encuentra en el lado sur del zócalo, existe sobre al 2 norte la iglesia de San José la cual dispone de atrio y de una zona ajardinada oblonga repitiendo a otra escala el esquema espacial del zócalo y la catedral. Dicha iglesia es conocida popularmente como la Catedral de los indígenas. Ella se encuentra en el centro de un barrio, lo que nos hace pensar en la posibilidad de que así funcionara en tiempos coloniales (Viladevall, 2001: 51)

A mediados de siglo los dos cuadrantes septentrionales de la traza urbana—en particular, el del noreste—albergaban a los habitantes más necesitados y a muchas de las vecindades que habían aparecido en las viejas casonas del centro (a raíz del abandono de sus propietarios) (Babosa, 1988: 46–48). Muchas de estas vecindades—esto es, edificios habitados por diferentes familias—carecían de servicios básicos y no contaban, al menos, no de manera suficiente, con el equipamiento que comúnmente se asocia con este tipo de viviendas colectivas (baños públicos, lavaderos compartidos–véase Ibídem y Marroquín, 1985: 107)

A la ocupación popular del centro histórico correspondió cierto deterioro físico del mismo. Ello ocurrió no tanto a causa de la presencia de las clases trabajadoras y del despliegue de sus usos como tales, sino más bien a causa del abandono en que los poderes locales políticos y económicos—íntimamente asociados—colocaron a esta área de la ciudad desde el momento en que dejó de ser (al menos, en algunas de sus partes) "importante" para sus intereses (véase Patiño, 2002: 89–95). Al estigma urbano correspondió la negligencia administrativa y el declive económico. En efecto, la modernización textil de comienzos de siglo no se tradujo en un incremento de empleos, antes bien desarticuló parcialmente el conjunto de oficios que estaban asociados a la producción de telas. En este contexto, muchos de los desempleados resultantes se incorporaron al ya existente comercio popular, lo que incrementó significativamente las "huestes" del ambulantaje (Milián, 1994: 53). El problema del desempleo se agravó, además, con el crecimiento de la población urbana, que después de haber permanecido relativamente estancada llegó a los 100 000 habitantes en 1900 (Lomelí, 2001: 282).

Así, rebautizada por los liberales en el poder, Puebla de Zaragoza—que hasta finales del siglo XIX había crecido muy poco en comparación con sus dimensiones coloniales—densificó sus espacios internos y se expandió lentamente hacia el poniente de su periferia inmediata (por el cerro de San Juan y la penitenciaría—Ibídem). Aparecieron, además, con el cambio de siglo, las primeras colonias (barrios) "no-céntricas": Ignacio Zaragoza (1879), Pensador Mexicano (1884), Azcárate (1914), Humboldt, (1914), Amor (1915), El Carmen (1918) y Lorenzo Osorio (1918)—véase Montero, 2002: 28–39). Asimismo, y pese a altibajos, el crecimiento industrial de la ciudad no se detuvo—incluso durante la Revolución-, hecho favorecido en gran medida por el perfeccionamiento regional de las vías de comunicación (Barbosa; 1993; Montero, 2002: 49).

Por esos años llegó a Puebla, en calidad de patrón textil y como cónsul de los Estados Unidos, William O. Jenkins, quien, gracias a sus vínculos con el empresariado local y el gobierno norteamericano, se convirtió rápidamente en uno de los principales impulsores del desarrollo capitalista de la ciudad (Lomelí, 2001). Durante los años treinta, este empresario invirtió tanto en el desarrollo de salas cinematográficas (al lado del empresario Manuel Espinosa Yglesias) como en la industria del azúcar (ingenio de Atencingo). Asimismo se involucró—junto con empresarios como el Italiano Carlos Mastretta, cónsul de Italia—en el mercado de bienes raíces de la ciudad. A partir de los cincuenta Jenkins realizaría esta actividad, de manera un tanto velada, a través de la Junta de Mejoramiento Moral Cívico y Material de la ciudad—JMMCM (sobre la intervención de Jenkins en la junta, véase Milián, 1994: 77, sobre la Junta, Lomelí, 2001: 393, 394).

Otros empresarios que participaron significativamente en el desarrollo del mercado inmobiliario poblano fueron Agustín Henning—de nacionalidad alemana-, Francisco Rodríguez Pacheco (sociedad Pacheco&Henning—después Pacheco y Compañía), Rómulo O'farril, y Luis Alarcón. Estos tres últimos constituyeron la empresa Fraccionadora de Puebla, S.A, constructora del fraccionamiento La Paz, símbolo residencial de poder económico en la región (Milián, 1994: 70; Montero, 2002: 113). Este último fraccionamiento apareció en 1931 al poniente de la ciudad, sobre un cerro, el de San Juan. Su construcción estuvo ligada a la "moda" que, durante la primera mitad del siglo XX, prescribía a las elites locales el abandono habitacional del centro de Puebla (de cuyas ventajas comerciales, desde luego, no se desprendían). Estos grupos buscaban crear espacios de vivienda inaccesibles a los otros citadinos, alejados de los barrios "peligrosos".

En este sentido, como veremos más adelante, el simbolismo de poder, privilegio y segregación asociado a esta clase de barrios—los fraccionamientos—habría de permanecer y extenderse hasta nuestros días (en particular en la zona que circunda La Paz. Como lo escribe Patrice Melé: "El fraccionamiento (…) se convierte en un espacio aparte, reservado a los residentes" y la segregación que implica "no se efectúa solamente por el precio de los terrenos, sino también por las barreras que hacen de todo el fraccionamiento un espacio protegido retirado de la ciudad" (Melé; 1994, 130)

Hacia mediados del siglo XX el centro de Puebla diversifica su oferta comercial a la vez que conserva su preeminencia económica dentro de la ciudad, lo que ocurre mediante la disminución de los negocios formalmente establecidos y el incremento de la población que emplean. Ello sugiere un proceso avanzado de "concentración del capital comercial" y de "aumento del tamaño de los establecimientos" (Milián, 1994: 72). La bonanza que esta situación supone no incluía, como enseguida veremos, a las clases trabajadoras. Ahora bien, pese a todas las adversidades, y contra las expectativas de los grupos dominantes, el uso popular del centro histórico se expandió hasta desbordar los límites que le habían sido impuestos. Reapareció, de este modo, el gran mercado callejero, pues pese a los intentos municipales por crear nuevos centros de comercio popular—todos relativamente alejados de la plaza principal (Mercados Guerreo—antes el Parián-, el Alto, el Parral y la Victoria)-, los vendedores ambulantes terminaron por reapropiarse de las banquetas del centro histórico.

Esta proliferación del comercio informal—y del desempleo que lo alienta—no fue ocasionada, como a principios de siglo, por la reestructuración de la industria, sino, al contrario, por su estancamiento. Éste se debió tanto a la obsolescencia tecnológica de las fábricas como al final de las guerras internacionales, que habían favorecido hasta finales de los años cuarenta el crecimiento de la industria local. Aunada a la poca aptitud de la economía local para medrar ante las políticas proteccionistas del presidente Miguel Alemán (1946–1952), la crisis—y el abandono—del campo fue otro catalizador del desempleo durante este periodo (sobre el aumento de ambulantes véase Ibídem: 73; sobre el estancamiento de la economía poblana, Lomelí, 2001: 371–377).

En consecuencia, de 1970 a 1980 la organización discriminatoria y excluyente del comercio en el centro histórico comenzó a desdibujarse. Este debilitamiento en la segregación espacial de los usos sociales se debió en gran medida al encuentro involuntario—e inevitable—entre el comercio popular—motivado por la necesidad de subsistir—y los espacios de consumo de las clases acomodadas poblanas. Gradualmente se reinstauró, aunque con implicaciones históricas diferentes, la apropiación multisocial del espacio urbano, hecho que a la vez reafirmó y puso en crisis el modelo comercial monocéntrico en que desde tiempos coloniales la ciudad se había basado (pues hizo patente la insuficiencia e inadecuación del espacio con respecto a sus actividades mercaderiles). Reinició, de este modo, la pugna social por el espacio urbano central.

El crecimiento poblacional, la migración del campo a la ciudad—particularmente fuerte, para la primera mitad del siglo, en los años cuarenta (Marroquín, 1985: 155)-, la falta de empleo, la lucha por el uso de los espacios públicos y, como veremos más adelante, el anquilosamiento de la vieja elite precedieron la llegada de grandes transformaciones en la ciudad. Este proceso se expresó de manera cada vez más clara en el conflicto entre los enviones del capital comercial y el estancamiento de las actividades productivas, lo que generó las condiciones "para la inminente operación y hegemonía de una nueva forma de capital comercial y de actividad empresarial" (Milián, 1994: 81) y dibujó el nuevo campo de lucha y negociación en el que habrían de coexistir diferentes usos y construcciones simbólicas—y materiales—de la ciudad.

La masificación de la urbe

Durante la segunda mitad del siglo XX la ciudad de Puebla experimentó importantes transformaciones. Como hemos visto, el crecimiento de la mancha urbana capitalina fue relativamente lento hasta el término de la Revolución Mexicana. De este modo, la aparición de nuevos bloques de edificios sobre el trazado colonial ocurrió sólo hasta después de 1920 (Melé, 1994: 108). Empero, la expansión verdaderamente acelerada de la ciudad ocurriría en años posteriores: después de la década de los cincuenta la superficie urbana continua se expandió de manera sin precedentes. De acuerdo con la información del Programa de Desarrollo Urbano de la ciudad de Puebla (citada por Melé, 1994: 109) la ciudad pasó de los 14.5 km2 que ocupaba en 1950 a 91.5 km2 en 1982 y a 128 km2 en 1990.

En cuanto a la población, el ritmo de crecimiento demográfico municipal saltó de una tasa de crecimiento media anual de 2.4% para los años 1950–60 a una de 6.2% para la década 1960–70. Durante este último periodo la tasa de crecimiento en el ámbito estatal fue de 2.5%, lo que indica la acentuación del proceso de concentración de la población del estado en la capital. De este modo, de los cincuenta a los ochenta la población municipal de la capital hizo poco más que triplicarse, pues pasó de 234 603 a 835 759 habitantes (Ibídem). A inicios del nuevo milenio, el municipio contaba con 1 346 916 habitantes—población resultante de una tasa de crecimiento que de 1990 a 2000 fue de 2.5% (INEGI, 2005).

El crecimiento poblacional de los sesentas estuvo ligado a dos factores. En primer lugar, al crecimiento vegetativo de la población. Como es sabido, el desarrollo de servicios de salud y el mejoramiento de las condiciones sanitarias (drenaje, agua potable) de las grandes ciudades mexicanas incrementaron la esperanza de vida de sus habitantes e hicieron descender la tasa de mortalidad infantil (Lomelí, 2001: 377). En segundo lugar, el crecimiento demográfico ocurrió debido al aumento de la migración rural-urbana, pues la polarización del campo entre grandes extensiones agroindustriales y pequeñas parcelas de autoconsumo obligó a muchos campesinos a trasladarse hacia la capital del estado en busca de mejores condiciones de vida (Ibídem: 375–376).

La urbe y sus habitantes adquirieron entonces las características de lo que algunos autores llaman "la sociedad de masas". Carlos Monsiváis consideraba a ésta no sólo como la mera aglutinación de gente, sino también como un "que-brantamiento sistemático de las realidades conocidas y una pulverización de las soluciones y los paliativos clásicos en favor de una cultura de la necesidad". Sus causas se encuentran, según este autor, en la desaparición, al interior de las grandes ciudades, de "las vías tradicionales de identidad" y, en el campo, de "las antiguas soluciones de continuidad" (Monsiváis, 1980: 37). A mi juicio, el proceso de re-conformación y empobrecimiento de las sociedades y economías rurales— proceso que ciertamente ocurrió como parte de la masificación de nuestras ciudades—no tuvo las implicaciones que Monsiváis plantea con respecto a las identidades y las culturas urbanas. Su percepción de la sociedad de masas se acerca en ese sentido a los esbozos que Oscar Lewis trazó a propósito de la "cultura de la pobreza". "La cultura de la necesidad" (entiendo: de la carencia y del esfuerzo de sus víctimas por remediarla) aludida por Monsiváis es, a lo mucho, sólo un aspecto entre varios de los que adquieren las diferentes culturas urbanas con la masificación.

Para José Luis Romero—quien desarrolló la noción de sociedad de masas en su libro *Latinoamérica. Las ciudades y las ideas*—el siglo XX latinoamericano se caracterizó por el estado "anómico" en que la migración rural colocó a las ciudades del continente al enfrentar grupos desarticulados de campesinos contra grupos urbanos de origen decimonónico. Desde el punto de vista de este historiador, la sociedad de masas apareció en algunos países desde los años treintas, cuando el desbaratamiento de las sociedades tradicionales latinoamericanas dio lugar a la aparición de grandes cantidades de migrantes rurales que, al colarse dentro de las sociedades urbanas "normalizadas", trastocaron su funcionamiento y las convirtie-ron en colectividades escindidas y desequilibradas: "Naturalmente—apunta dicho autor—el efecto que la aparición de esa sociedad anómica operó sobre la socie-dad normalizada fue intenso, precisamente porque el centro del ataque del nuevo grupo era el sistema de normas vigentes, al que ignoró primero y desafió después". (Romero, 1976: 334)

Aunque no comparto la oposición "sociedad normal *vs* sociedad anómica" (pues me parece que la llegada de la sociedad de masas representó, más que una ruptura, una aceleración de las dinámicas de segregación y racismo que han carac-terizado la historia de las ciudades latinoamericanas—véase Rama, 1984), la pers-pectiva de Romero me parece interesante. Ésta nos permite observar el desarrollo de la sociedad de masas no sólo como el mero producto del empobrecimiento rural y del caos urbano, sino también como el conjunto relaciones y características que los distintos grupos integrantes de la sociedad adquieren cuando, además de comenzar a convivir en un mismo espacio (confrontando, de este modo, histo-rias culturales diversas), se integran en grandes cantidades (de manera masificada) dentro de la lucha por definir el marco institucional en que conviven (véase Nivón; 1998:35–41). En este sentido, la masificación de la ciudad de Puebla ocurrió mediante múltiples procesos. Aunque todos estos están ligados, revisemos cada uno por separado.

El proceso de industrialización

Desde principios de la década de los sesentas, el gobierno del estado asumió la responsabilidad de reactivar la economía industrial local, que era incapaz de responder a las nuevas necesidades económicas de la región. De este modo, durante el corto periodo de gobierno de Antonio Nava Castillo (1963–1969) se creó la Ley de Fomento Industrial del Estado, que definió un conjunto de incentivos fiscales y administrativos para "hacer atractivo el estado para el establecimiento de nuevas empresas" (Lomelí, 2001: 382). La autopista México-Puebla (1962), el respaldo de la Banca pública NAFINSA y el apoyo del presidente Gustavo Díaz Ordaz posibilitaron, en gran medida, el éxito posterior de dicha ley.

La política "industrializadora" del gobierno estatal—de cuyo éxito da cuenta el hecho de que entre 1964 y 1973 se establecieran en la región más de 120 compañías industriales (Ibídem: 384)– se desarrolló en un contexto dentro del que hasta la década de los cincuentas la principal actividad industrial de la capital había estado ligada a la producción textil (que todavía tenía, a finales del siglo XX, una importante presencia dentro del estado—al menos en lo que a cantidad de empleos y de establecimientos se refiere—véase Melé, 1994: 83). Si no todas, gran parte de las fábricas que integraban esta industria se caracterizaban por lo anticuado de sus técnicas y lo obsoleto de su maquinaria. La burguesía local, sin embargo, no tenía ninguna clase de apremio por modificar esas condiciones, pues, como apunta Patrice Melé (apoyándose en el trabajo de Leticia Gamboa): "Las familias españolas de empresarios textiles" habían adquirido desde "fines del siglo XIX y principios del siglo XX, una gran influencia económica local", por lo que "fueron considerados como 'el grupo dominante de la industria textil'" (Ibídem). El dominio de este empresariado fue firmemente respaldado por el poder de una familia, la Ávila Camacho, misma que mantuvo un gran control sobre el estado desde finales de la década de los treintas hasta la de los cincuentas (los historiadores de la región llaman el "cacicazgo avilacamachista" al periodo de existencia de esta estructura de poder local—véase Pansters, 1998).

Las condiciones cambiaron, sin embargo, cuando, con el término de la segunda guerra mundial, la organización del mercado global comenzó a cambiar y los sucesivos gobiernos nacionales ajustaron sus políticas a las exigencias de los capitales transnacionales. En este sentido, durante los sesentas la industria local fue desplazada por un reimplante económico y fabril coordinado por el estado federal y realizado por nuevos capitales industriales (Melé, 1994: 84) Así, el incremento de la actividad fabril experimentado por la ciudad durante esos años tuvo como principal impulsor a la empresa alemana Volkswagen (cuya planta inició operaciones en 1967), misma que "modificó los flujos de mano de obra y las oportunidades de empleo para la región". Así, el conjunto de empleados y obreros que esta empresa ocupaba a mediados de los ochentas equivalía al 69% del empleo que ofrecían todas las textiles juntas (Ibídem: 85).

Dentro de esta misma lógica, durante esta misma etapa se instaló en el municipio de San Martín Texmelucan una planta de metanol de PEMEX (1962); y en el de Xoxtla (1967), la empresa regiomontana HYLSA. Además, a partir de 1970 se creó al norte de la ciudad—sobre la autopista México-Puebla—un conjunto de parques industriales ("La Resurrección", "5 de Mayo", "Puebla 2000), que se integraron pronto al complejo industrial que a la sazón comenzaba a configurar la Zona Metropolitana de la Ciudad de Puebla. Se precipitó entonces la metropolización de la urbe (Barbosa 1984: 49–51 y 1993).

La transformación del espacio urbano poblano

Durante la segunda mitad del siglo XX, tres diferentes procesos hicieron mucho más atractivo el mercado local de bienes y raíces para la inversión privada. Dichos procesos fueron a) la densificación comercial del centro histórico; b) la recarga simbólica del mismo—primero, como "distrito financiero y de negocios" y, después, como "patrimonio cultural" (Milián, 1994: 104,105, 124–128 y Patiño, 2002)—, c) y la consecuente revaloración económica de los predios urbanos más céntricos. Esta reactivación mercantil de la ciudad aceleró la expansión del espacio urbano.

El centro de la ciudad experimentó este hecho a través de un proceso en el que el incremento del valor del suelo constantemente convirtió en poco "apropiados" (rentables) los inmuebles que contenía. Esto se tradujo en la alteración de la imagen arquitectónica del centro mediante la continua demolición y construcción de edificios, lo que para algunos urbanistas significó la "degradación" de la zona (véase Patiño, 2002: 116–125). Una vez impulsado, el galopante crecimiento de la urbe mediante la multiplicación de colonias o barrios no extendió de manera regular y continua la mancha urbana. Este hecho estuvo más relacionado con las estrategias de acumulación de las inmobiliarias y las "fraccionadoras" que con las características naturales del terreno. La pauta de inversión estuvo orientada por una estrategia que los urbanistas llaman "crecimiento pendular" y que consiste "en urbanizar áreas alejadas del perímetro urbano construido, dejando amplios espacios vacíos sin lotificar a la espera especulativa" (Milián, 1994: 95)

El ejemplo más ilustrativo de la ejecución de este tipo de estrategias es el relativamente prematuro ("prematuro" con respecto al periodo del que hablamos, pues apareció en 1953) fraccionamiento San Manuel, que se asentó "a 1 Km. al sur de la primera casa" de la ciudad, convirtiéndose de ese modo en el "objeto privilegiado de una nueva promoción, o cuando menos de una especulación del suelo" (Melé, 1994: 121, 122) Empero, el verdadero dechado de esta re-creación capitalista de la ciudad se constituyó en torno a la ya mencionada colonia La Paz, cuya "zona esmeralda"—como fue designada el área comercial establecida a su entorno—densificó en esta etapa su valor simbólico y económico. En la actualidad esta parte de la ciudad funge todavía como el núcleo simbólico de toda un área edificada para las necesidades y el consumo de las clases medias y altas. Desde entonces, la avenida Juárez conduce, desde el centro de la ciudad, a un espacio "dirigido a las élites poblanas", a "un lugar de reunión y paseo" que constituye "una alternativa, aunque relativa, a la ciudad antigua", a la sazón nuevamente plagada "de actividades policlasistas" (Milián, 1994: 105).

La revaloración del suelo dio lugar a la aparición de un mercado inmobiliario diverso en varios sentidos. Surgieron desde grandes empresarios hasta pequeños fraccionadores e intermediarios cuyo desempeño dentro del mercado estuvo en todo momento supeditado a la acción del poder gubernamental. En contraste, los primeros—las grandes inmobiliarias que surgieron del empresariado poblano (incluyendo el de origen textil) y nacional—realizaron sus negocios valiéndose de la posición de privilegio con que contaban ante las instancias reguladoras del crecimiento urbano. (Melé, 1989: 296–298 y 1994: 164–179) Estos grupos también se harían presentes mediante el establecimiento, en el centro de la ciudad, de cadenas y centros comerciales como el puerto de Veracruz, Woolworth, Sanborns, Blanco, Comercial Mexicana y Aurrera (Milián, 1994: 94, 102, 106)

La promoción inmobiliaria permitió, por otra parte, la aparición de los más diversos tipos de colonias y asentamientos, que, siguiendo a Melé (1994: capítulo VI), podemos clasificar en: fraccionamientos o conjuntos privados legales e ilegales (lugares exclusivos y de costo variable, aunque generalmente alto); fraccionamientos populares legales e ilegales (que incluye una amplia gama de colonias o barrios), y asentamientos legales e ilegales en tierras pertenecientes a ejidos. La voraz mercantilización del suelo se complementó con la intervención de organizaciones altruistas y fundaciones como el club de Leones, el de Rotarios y las fundaciones Gabriel Pastor y Mary Street Jenkins, que a lo largo de la ciudad edificaron escuelas, hospitales, centros deportivos y museos (Montero, 2002: 181–183) y que, como la JMMCMP, permitieron a la "iniciativa privada" local "tener una gran injerencia en la política municipal" y gozar de un espacio desde el que pronunciaban "continuas declaraciones a favor de sus posiciones ideológicas y políticas" (Lomelí, 2001: 393, 394).

A partir de esos años el modelo del fraccionamiento se impuso como la forma predominante de producción del espacio urbano. De acuerdo con Melé (1994: 120), dicho modelo supone, dentro de los reglamentos locales, la concesión "a una persona privada, por parte de los poderes públicos, del derecho de realizar una venta parcelaria de terrenos o viviendas, siempre y cuando ésta se haga cargo de la introducción de los servicios". El fraccionamiento popular, de menor tamaño y con pocos—o ninguna clase de—servicios, constituye, a decir del mismo autor, el principal medio a través del que los grupos más pobres de la ciudad comenzaron a adquirir viviendas. Esto gracias al carácter a menudo ilegal de los mismos (Ibídem: 159)

Con respecto a la vivienda popular, un hecho de suma importancia fue la creación nacional del Instituto del Fondo Nacional de Vivienda para los Trabajadores (INFONAVIT), que apareció dentro de la ciudad en 1973. Aunque la construcción de vivienda social no inició con la llegada de este instituto a la ciudad (pues antes el gobierno estatal ya había construido las colonias González Ortega, Hermanos Serdán, Aquiles Serdán, Guadalupe, San Manuel y Agua Azul y la Hacienda), su presencia transformó significativamente el espacio urbano. De acuerdo con Enrique Marroquín hacia 1979 el INFONAVIT había construido 8 010 viviendas (Marroquín, 1985: 112); cifra que en 1989 ascendía a 31 516. Estas viviendas estaban distribuidas en 28 "infonavits" (Melé, 1994: 160). De acuerdo con los registros del INEGI, a inicios del siglo XXI la ciudad contaba con un total de 34 unidades habitacionales edificadas por este instituto. En un principio la creación de los "infonavits" se llevaba a cabo cerca de los parques industriales que comenzaron a establecerse al norte y noreste de la ciudad a partir de la década de los setentas; poco a poco, sin embargo, la construcción de multifamiliares se extendió al sur de la urbe, donde, por cierto, se encuentra la unidad habitacional más grande del municipio—"La Margarita", con cerca de 5000 viviendas.

Apuntemos de paso que la distribución actual de los "infonavits" dentro de la ciudad da cuenta de la zonificación jerárquica que, durante las décadas de los sesenta, setenta y ochenta, adquirió el espacio urbano y que persiste hasta nuestros días. Mientras las elites ocupan el poniente de la ciudad y tienen ahí sus principales centros comerciales y de servicios (universidades, clubes deportivos, discotecas y restaurantes), una enorme herradura de colonias populares se dibuja por los rumbos norte, oriente y sur. Como veremos después, es de estas partes de la ciudad que provienen la mayor parte de los sonideros poblanos. El conjunto de servicios ubicados en la zona confirma su carácter popular: al sur, el "Centro de readaptación social", el hospital psiquiátrico, y los panteones Municipal, Jardín y Valle de los Ángeles; al oriente, la zona militar, y al norte, la central de autobuses y diversos corredores industriales (véase Melé, 1994: 107–117).

Las transformaciones políticas e institucionales

El crecimiento de la población incrementó la demanda de distintos servicios dentro de la ciudad. Este fue el caso de la educación. Así, durante los años setenta las instituciones educativas se multiplicaron; multiplicación que incluyó la educación pública y privada en todos los niveles educativos. Como parte de este proceso, a partir de los años sesentas aparecieron en el municipio universidades como la de las Américas (en Cholula)—UDLA—; la Popular Autónoma del Estado de Puebla—UPAEP—; el plantel Golfo-centro de la Universidad iberoamericana, y otras múltiples instancias privadas y públicas (como el Instituto Tecnológico Regional de Puebla—cuyo patronato se crea en 1973) que desde entonces ofrecen servicios de educación superior y técnica. En el marco de todas esas transformaciones la universidad pública local, la Universidad Autónoma de Puebla, jugó un papel especialmente significativo. Veámoslo en términos muy generales.

La etapa durante la que la universidad pública se masifica converge con su metamorfosis en una especie de "manzana de la discordia" que enfrenta a diferentes grupos de la sociedad poblana. Las intensas transformaciones que durante la segunda mitad del siglo XX sufrió la ciudad hicieron que las luchas universitarias—primero por la autonomía (obtenida en 1956) y luego por la reforma a la ley universitaria—se transformaran y confundieran explosivamente con otros movimientos sociales de la región. Igualmente, en este contexto los objetivos del movimiento universitario se ampliaron e integraron rápidamente a las demandas de otros grupos organizados—como los comerciantes ambulantes, por ejemplo. La cantidad de estudiantes registrados en el ámbito nacional dentro de la educación superior creció espectacularmente de 1960 a 1970, pues pasó de 28 100 alumnos a 271 275 (Sotelo, 2002: 29). En Puebla este incremento de la matrícula coincidió con a) la llegada a la dirección universitaria de académicos ligados al partido comunista (lo que, a decir de Lomelí, "envalentonó" a los comunistas); b) con el exacerbamiento de los temores religiosos a todo lo que se pareciera al marxismo, y c) con el gradual decaimiento y división de la burguesía local (Ibídem: 17–31).

La decadencia de ésta última fue precipitada, como ya lo hemos visto, por la llegada de capitales industriales transnacionales y nacionales, que reestructuraron la economía del Estado y originaron muchas de las transformaciones ocurridas durante este periodo dentro de la sociedad poblana. En este sentido, pese a que la guerra norteamericana contra Corea constituyó un periodo relativamente favorable para los viejos industriales poblanos—que vieron momentáneamente aumentar sus exportaciones (Lomelí, 2001: 374)-, muchos de ellos nunca pudieron recuperarse de los estragos que la obsolescencia de sus estrategias económicas les hacía padecer en las nuevas condiciones del capitalismo mundial. Algunos empresarios desplazados del centro de la economía local se integraron entonces a la lucha por el control político de la urbe (Sotelo, 2002: 21). Sin embargo, para entonces su influencia en este rubro estaba también en decremento; específicamente, desde la década de los cincuentas, cuando Fausto M. Ortega (1957–1960)—sucesor de Rafael Ávila Camacho (1951–1957) en el gobierno del estado—se distanció de éste último y del grupo de poder que existía en torno al cacicazgo "avilacamachista" (Lomelí, 2001: 377, 378).

La irrupción de la sociedad de masas sacudió entonces las certidumbres urbanas de los grupos de poder de la región (véase Pansters, 1998). El recelo con que la burguesía decadente y la jerarquía eclesiástica veían la masificación de la universidad y su lucha por la reforma universitaria se transformó en pánico cuando los grupos de izquierda llegaron a la rectoría de ésta en junio de 1972, con Sergio Flores. Hasta cierto punto ignorante de las causas de su decadencia y de modo acorde con la política anticomunista alentada por la guerra fría, la burguesía "avilacamachista" identificó a los grupos mayoritarios dentro de la universidad (y al movimiento popular que en su entorno comenzaba a aglutinarse, el Frente Obrero, Campesino, Estudiantil, Popular—FOCEP) como los responsables de la crisis en que se hallaban y contra ellos dirigió sus embates:

> Si algo distinguía a dichos sectores (…) era su incapacidad para discernir acerca de las causas económicas y sociales de fondo que estaban propiciando su aniquilación: así, en lugar de advertir que las causas de su desplazamiento eran las nuevas expresiones del capitalismo, el fortalecimiento de los monopolios, etcétera, atribuyeron este fenómeno a los "complots" del comunismo "ateo", y al "estatismo" del gobierno de Echeverría (Sotelo, 2002: 22)

Humberto Sotelo identifica el periodo que va de 1961 a 1973 como el de la crisis y aniquilación[1] del cacicazgo avilacamachista. En el transcurso de esos doce años el estado fue administrado por cinco gobernadores, de los cuales tres no terminaron su periodo. Los acontecimientos que distinguen este periodo fueron:

- En 1961, la confrontación entre diferentes representantes de la sociedad (iglesia, derecha poblana, Partido Comunista, gobierno estatal y poder federal) en torno a la reforma universitaria, pues ésta implicaba, la disputa por el control de la UAP (Sotelo, 2002: 46–56). En este contexto, "gracias a la combatividad de los universitarios, el movimiento obtiene un triunfo fundamental en 1963" cuando el gobierno elimina las restricciones a la autonomía universitaria al "promover una nueva ley orgánica" (Ídem: 55).
- La movilización multisocial de 1964 en contra de un conjunto de reformas gubernamentales relacionadas con la producción y la comercialización de leche. El conflicto culminó con la destitución del gobernador Nava Castillo. Una vez más, con la victoria de este movimiento salieron fortalecidos, a

---

1 Término éste último ("aniquilación") que debe más bien ser relativizado, pues el estado de Puebla es ahora gobernado por un gobernador proveniente de una familia cercana a esta élite: Rafael Moreno Valle, periodo 2011–2017.

decir de Sotelo (2002), los grupos progresistas y liberales de la sociedad, que de este modo aceleraron la caída del poder caciquil.

- El movimiento universitario de 1968, que se solidarizaba con y coordinaba, a partir de diversas problemáticas locales, las demandas de grupos universitarios ubicados en distintos estados de la república—Puebla, Sinaloa, Guerrero y Distrito Federal. Se trata de un momento de polarización social que tiene su manifestación local más aberrante en el linchamiento y asesinato, durante ese año, de cinco trabajadores universitarios en el pueblo de San Miguel Canoa (véase Ibídem: 60–63).

- Finalmente, la confrontación de los años 1972–73 representa el clímax del conflicto, pues pese a asesinatos y encarcelamientos perpetrados contra los universitarios, la crisis terminó con la destitución del gobernador Gonzalo Bautista O'Farril, a quien Sotelo considera el último representante en el poder avilacamachista (para un estudio de las consecuencias de todo estos eventos para la cultura política juvenil de la región, véase González Castillo, 2012).

En esos años los grupos universitarios de izquierda tejieron fuertes vínculos con otros movimientos sociales. Así, en julio de 1972, después de un mitin organizado en repudio al asesinato del académico Joel Arriaga, el Sindicato de Trabajadores Electricistas, el Movimiento Sindical Ferrocarrilero, el sindicato de la Volkswagen, la Unión de Defensa Inquilinaria, la Central Campesina—entre otras-, conformaron el Frente Obrero, Campesino, Estudiantil, Popular (FOCEP), que "habría de desempeñar un papel de gran relevancia en la defensa de la universidad, y en la lucha que libraban las clases populares por abrirle paso a un gobierno respetuoso de las libertades políticas" (Ibídem: 94) Durante esos años, los integrantes del FOCEP y de otros grupos sociales participaron activamente en luchas vinculadas a cuestiones laborales, agrarias y de servicios urbanos (Ibídem: 96–98). Apareció también, en este contexto, la Unión Popular de Vendedores Ambulantes (1971), que agrupa desde entonces al ambulantaje decidido a no integrarse a las organizaciones priistas del mismo tipo y que lucha por la defensa de sus espacios de trabajo. Aunque solidaria con el movimiento universitario, la UPVA desarrollaría sus principales acciones en función de una problemática diferente, como veremos en seguida (Milián, 1994: 120).

La reorganización del comercio urbano

El avance industrial de la región, la revaloración simbólico-económica del centro de la ciudad, y el crecimiento de la misma durante los años setentas, sentaron las bases para el desarrollo, por parte de la burguesía local y a través del Estado, de un proyecto de reestructuración del comercio a escala municipal. El objetivo era reordenar una vez más el espacio urbano de modo que garantizara el éxito del capital comercial e inmobiliario. Comenzó entonces a gestarse un conjunto de transformaciones que, para fines de los ochenta, habría ya reconfigurado la estructura espacial de la ciudad. La Puebla comercialmente monocéntrica de la primera mitad del siglo—y de mucho antes—se transformaría en una urbe plagada de servicios y centros comerciales jerárquica y estratégicamente dispersos. Es en este cambio de modelo comercial que el movimiento comercial ambulante se activó políticamente para confrontar—y, en algunos casos, transar con—los intereses de los grupos dominantes. Como veremos en el próximo capítulo, los representantes del medio sonidero no han sido ajenos a este proceso.

Desde un principio el conflicto entre el gobierno y los comerciantes ambulantes estuvo ligado a la cuestión de la reubicación de éstos, que en los sesentas adquirieron "una nueva dimensión", pues tan solo de 1962 a 1965 crecieron en un 67% (Milián, 1994: 114). Este incremento respondió, como en otras ocasiones, al aumento de la población "improductiva" (en cierto modo favorecido por la nueva industria, que, dada la tecnología de punta que utilizaba, no ofrecía los empleos suficientes) y a la migración de campesinos empobrecidos hacia la ciudad (en 1979 el 18% de los ambulantes estaba constituido por antiguos campesinos—Ibídem: 117, 118).

El interés económico de las elites locales movilizó a sus principales representantes (la Federación de Locatarios—creada en 1963-, la Unión de Comerciantes en Pequeño y la Cámara Nacional de Comercio—Ibídem: 121) para exigir al gobierno la definición de un área específica, no sólo para el comercio ambulante, sino para todo el conjunto del comercio popular establecido en el centro histórico. Se buscaba, desde luego, que dicha área estuviera fuera de la zona céntrica de la ciudad, por lo que, entre otras cosas, se proponía el cierre del mercado la Victoria (creado, recordemos, a inicios del siglo XX en el marco de un proceso similar de expulsión del comercio popular). Los comerciantes populares (ambulantes y fijos) que se resistieron al traslado argumentaron que éste debía realizarse de manera voluntaria y que los nuevos espacios debían de garantizar el desempeño provechoso de sus actividades comerciales (Ibídem: 186–190). En esta tónica, de 1963 a 1981 aparecieron 16 mercados, que, dadas las duras condiciones económicas, lejos de paliar el ambulantaje sólo facilitaron su expansión (Ibídem: 122, 123).

En los ochentas la situación empeoró, pues ante la crisis económica nacional y ante "la incapacidad del sector formal de la economía para generar suficientes empleos para los jóvenes que los demandaban, las actividades informales registraron un importante aumento" (Lomelí, 2001: 395). Se puso en marcha entonces, como una contundente respuesta gubernamental a esta problemática, el mencionado "Programa de desconcentración comercial y de servicios del centro histórico de la ciudad de Puebla", que reestructuraría el conjunto de la actividad comercial dentro de la ciudad. Se diseñó un sistema comercial popular que incluía una central de abastos (al norte de la ciudad); tres Centros Comerciales Populares (CCP)—el "Miguel Hidalgo" (al norte), el José María Morelos (al noroeste) y el Emiliano Zapata (al sur), y cuatro Mercados de Apoyo (el independencia (al sur), el Héroes de Puebla (al este), el Zaragoza (al norte) y el Francisco I. Madero (al noroeste). Aunque la mayoría de los comerciantes finalmente fueron reubicados, algunos de éstos—en particular, los ligados a la UPVA, que aceptaron el traslado en julio de 1986—lograron, mediante negociaciones con el gobierno estatal, que su reubicación se diera en condiciones más favorables que las que originalmente había previsto el gobierno municipal.

El proyecto de reestructuración comercial formaba parte de un plan mayor cuyo objetivo era rediseñar a largo plazo el conjunto del espacio urbano. De ese modo, a la desconcentración comercial popular correspondió la reorganización del transporte público urbano y foráneo; la definición de una zona destinada al establecimiento de parques industriales, y el desarrollo, al poniente de la ciudad, de una amplia zona cuyo equipamiento urbano, como ya lo hemos dicho, estaba dirigido a consumidores de clase media y alta. En materia de transporte, la principal acción de los ochentas fue la inauguración, en 1988, de una central de autobuses que desde entonces concentraría el conjunto de rutas y terminales foráneas anteriormente diseminadas en el centro de la ciudad. Como hoy en día es patente, esta medida, lejos de resolver el problema del transporte urbano, sólo lo trasladó hacia la periferia norte de la zona de monumentos de la ciudad.

El paralelo del reordenamiento comercial popular (o, como lo muestra Guadalupe Milián, de su desplazamiento), fue la aparición, desde fines de los setentas hasta nuestros días, de un conjunto de "Plazas" que reconformaron la oferta comercial antaño encabezada por las tiendas de autoservicios (como Aurrera o Blanco) y particularmente dirigida a las clases medias y altas. A la cabeza de la modernidad comercial, estos centros comerciales "a diferencia de las grandes tiendas de autoservicio (representativas de una empresa o firma)" aglutinaron "bajo una única edificación en régimen de condominio, diversos tipos de capitales: grandes, medianos, locales, nacionales y transnacionales" (Milián, 1994: 131). En la actualidad, estas plazas se han convertido en "polos de desarrollo" que incrementan el valor del suelo adyacente y estimulan su desarrollo comercial y de servicios. Es decir, aceleran la circulación de los capitales comerciales e inmobiliarios (Ibídem: 132, 133) y configuran, de este modo, una ciudad multicéntrica o "polinuclear" (véase De las Rivas, 2001).

Nuevos espacios, nuevas divisiones, nuevas culturas

La sociedad de masas poblana dio lugar a un nuevo ordenamiento cultural del espacio urbano. El gobierno municipal, de la mano del empresariado, aplicó un conjunto de medidas que buscaba rediseñar los usos sociales de la ciudad. En los años sesentas, por ejemplo, los poderes locales decidieron liberar el centro histórico de la "inmoralidad" y, entre otras medidas, delimitaron una nueva "zona roja" para la prostitución dentro de ella. Se escogió el área de la 90 poniente, que entonces constituía el extremo norte de la mancha urbana. Este desplazamiento afectó sobre todo los bares y prostíbulos en el centro histórico. Aunque con el paso de los años la prostitución terminó diseminándose nuevamente por toda la ciudad, su desplazamiento resulta premonitorio del orden especial que a partir de entonces emergería dentro de la ciudad (Tirado Villegas, 2013).

Así, la "zona roja" fue ubicada en un área que gradualmente devendría fabril y obrera, pues, como ya lo he comentado antes, en esa zona se instalarían, durante los setentas, la mayoría de las nuevas industrias. Con la posterior aparición de las centrales camionera (que fue anunciada como "la más grande de Latinoamérica") y de abastos, comenzó a dibujarse, en torno a la autopista México-Puebla, un área urbana "de uso rudo". Mercados, tianguis y comerciantes ambulantes—que en su mayoría fueron reubicados—completaron este antagonista espacial de las múltiples "zonas esmeralda" que en los ochentas comenzaron a aparecer al este de la ciudad. Empero, la ciudad destinada a las clases trabajadoras no se limitaría al norte de la urbe, pues se extendió por el oriente gracias a la proliferación de fraccionamientos populares y de unidades del INFONAVIT (La Flor, Obreros Independientes, Amalucan, Rivera Anaya, Bosques de San Sebastián), y a la integración de localidades rurales como San Miguel Canoa, San Aparicio, La Resurrección y Zaragoza al municipio. Algo similar ocurrió con el sur de la ciudad, donde desde finales de los setenta aparecieron muchas colonias populares y viviendas de carácter social.

El crecimiento urbano implicó, como ya lo he dicho, la masificación de los servicios públicos. Clínicas del seguro social (IMSS), escuelas, servicios burocráticos conformaron, a decir de Eduardo Nivón, una sociedad paradójicamente inclusiva "en donde las clases populares—los sectores despojados económica y jurídicamente de cualquier género de participación en el pasado—son ahora incorporados al sistema político aunque no al poder" (Nivón, 1998: 39). A esta pírrica inclusión política se agregó, durante los ochentas, la emergencia de un doble proceso de diversificación y mercantilización cultural. Fenómeno fundamentado no sólo en la aparición de nuevos tipos de colonias y de citadinos sino también en la pluralización de las actividades comerciales. En efecto, éstas no sólo ofrecieron nuevos bienes y espacios de consumo (incluyendo los que, en un sentido restringido, podemos calificar como "culturales" y que están ligados a la diversión y el ocio), sino también nuevas formas de comercializar y de consumir.

Desde luego, ni la mercantilización de la cultura, ni la pluralidad cultural de la ciudad se instalaron durante la segunda mitad del siglo XX como un hecho novedoso o inédito. Como lo hemos visto en las páginas precedentes, *el comercio popular ha sido siempre un importante eje estructurante de los usos populares dentro del espacio urbano poblano.* Lo relevante de los años ochentas es, más bien, el poderoso proceso de *destrucción creativa* que la violenta transformación de la economía regional disparó en el seno de las clases populares: El abandono sistemático de las políticas sociales y culturales; el desdén institucional ante el sufrimiento ocasionado por las medidas de austeridad económica y la condición de parias urbanos asumida por los más pobres de la ciudad y del campo tuvieron como respuesta no sólo la emigración internacional (urbana y rural), sino también la creación de nuevas estrategias y formas de sobrevivencia económica (de las que, como veremos, el medio sonidero es parte). Las distintas culturas populares juveniles que a la sazón aparecieron y que hasta nuestros días se reproducen dan cuenta también de ello. Aunque todas mercantilizadas—pues sus fuentes de activación provienen tanto de la macroindustria cultural como de la actividad comercial popular-, todas ellas han permitido, como el medio sonidero, el desarrollo de diferentes usos populares dentro del espacio urbano.

De este modo, aunque plural en su conformación, la ciudad poblana se polarizó espacial y socialmente con el cambio de milenio. En este sentido, si bien los procesos estructuradores de la sociedad de masas se manifestaron como una reinvención espacial de la ciudad poblana, esa reinvención anunció también el agravamiento de las relaciones de desigualdad que la ciudad capitalista implica y que fueron acendradas por la expansión planetaria del actual del régimen de acumulación flexible. Los nuevos espacios y prácticas culturales aparecidos en la ciudad reforzaron, de este modo, un espacio urbano jerárquicamente diferenciado al mismo tiempo que hicieron más visibles las desigualdades sociales y las diferencias culturales entre sus habitantes.

La ciudad en nuestros días

En la actualidad, en el México neoliberal, la ciudad de Puebla comparte muchas de las características que durante la última década han adquirido los grandes asentamientos urbanos del país. Por una parte, la reestructuración de la organización productiva de la industria local, la concomitante multiplicación de las maquiladoras y el desarrollo de la "nueva cultura laboral" que los empresarios promueven han convertido a una gran parte de los poblanos en desempleados, subempleados o en asalariados temporales. La era del sufragio efectivo y de la "transición a la democracia", por otra parte, ha significado muy poco en el marco de un Estado federal cuya política económica, inflexible y conservadora, tiende a desestimar cada vez más sus responsabilidades sociales. Finalmente, la violencia simbólica y económica que ha caracterizado la historia de la región se ve ahora agravada por la violencia física y armada, ligada tanto a la "guerra" contra el tráfico de drogas como a la revitalización de los rasgos autoritarios y represivos del Estado mexicano.

En la Puebla de nuestros días, una gran cantidad de servicios urbanos se ha convertido en negocio, desde la recolección de basura hasta la educación. Con respecto a esta última, la falta de escuelas para todos los niveles y los cambios en las políticas de ingreso de la universidad pública (que desde finales de los ochentas se propuso reducir su matrícula) han dado lugar a un panorama en el que grandes y pequeños empresarios han establecido una oferta educativa. Las políticas excluyentes que favorecen la segregación y revaloración del suelo han continuado y se han incluso acelerado. Su manifestación más polémica—por su magnitud y por las protestas vecinales que generó—ha sido, quizás, el plan Angelópolis, que, entre otras cosas, mediante el Proyecto del Paseo del Río de San Francisco buscaba expropiar veintisiete manzanas declaradas por el municipio de utilidad pública (finalmente sólo pudo expropiar seis) en ocho barrios populares del Centro Histórico (véase Patiño, 2002, Churchill, 2001). Otro ejemplo de la aceleración del mercado inmobiliario local ha sido la reciente expansión, disparada por la construcción del mega-centro comercial Angelópolis, de nuevos edificios de comercio y habitación destinados a las clases altas de la ciudad, al oriente de la misma (para un estudio sobre el centro comercial Angelópolis, véase Jones y Moreno Carranco, 2007)

El comercio ambulante, pese a todo, persiste en la ciudad. En las zonas de los mercados establecidos por el programa de reordenamiento comercial de los ochentas se han multiplicado los tianguis populares y las calles se han saturado de ambulantes (en particular en las zonas del mercado Hidalgo, cerca de la Central de autobuses). En este sentido, el comercio ambulante ha permitido no sólo la subsistencia de grandes cantidades de poblanos desempleados, sino también ha posibilitado el acceso de las clases populares a bienes de los más diversos tipos. Así, por ejemplo, se puede adquirir en cualquier calle de la ciudad, por unos cuantos pesos, copias de programas de cómputo que de otro modo serían inaccesibles para los habitantes de la ciudad. El comercio popular (legal o ilegal), en este sentido, ha "democratizado" el acceso a la tecnología y a otro tipo de bienes de consumo.

La actualización tecnológica que la economía informal ha posibilitado entre las clases populares favorece el desarrollo de sus prácticas culturales dentro del espacio urbano. Desde la radiograbadora hasta la cámara fotográfica—sin mencionar las prácticas culturales que implican un uso más colectivo de la tecnología (como en el caso del "sonidero" que a continuación estudiaremos)-, la tecnología obtenida permite no sólo el registro de la experiencia personal sino también la definición del espacio urbano en términos de una cultura propia. Es por ello que dentro de la ciudad neoliberal el discurso ideológico de las elites no es el único que se escucha.

Diferentes grupos sociales, aunque situados muchos de ellos en posiciones subalternas, han podido desarrollar sus propias visiones y usos de la ciudad capitalista. La construcción simbólica de la ciudad de Puebla ha sido de este modo plural, y aunque los actores de dicha pluralidad no ocupen posiciones simétricas, todos han intervenido en dicho proceso. La ciudad poblana puede ser pensada, en este sentido, como "un juego asimétrico por las definiciones y redefiniciones de los sentidos sociales de la vida" (Reguillo, 1996: 468). Dentro de este juego, como veremos, los sonideros representan una apuesta sin par.

TERCERA PARTE

Etnografía del medio sonidero

Antes de abordar de lleno el medio sonidero poblano, algunas líneas sobre la difusión de la música tropical en México nos permitirán aprehender de mejor manera el lugar que el consumo de dicha musica ocupa entre las prácticas culturales de la sociedad mexicana. Las páginas siguientes están consagradas a dicha tarea y son seguidas por una descripción más precisa del origen, de la historia y de la situación actual del medio sonidero en Puebla.

La difusión de la música tropical en México y el origen del medio sonidero

En el México postrevolucionario de la primera mitad del siglo XX, el crecimiento poblacional y la migración de la población rural hacia las principales ciudades del país dieron lugar al crecimiento acelerado de sus principales centros urbanos (sobre todo de la capital del país). En ese contexto de urbanización y de modernización, nuevas prácticas y modos de vida emergieron y, con ellos, nuevos espacios y bienes de consumo y de diversión. Fue en este contexto que, en busca de formas modernas de consumo, la burguesía citadina se volcó hacia las prácticas de diversión nocturna que caracterizaban en aquella época el ambiente de la Cuba pre-revolucionaria y pro-americana (véase Monsiváis, 1977 y 1980). Julia Tuñón describe de este modo el ambiente de la época:

> Fueron años de contraste entre las costumbres añejas y los nuevos usos y modales, porque las mentalidades tienen ritmos morosos y a menudo están desfasadas de las ideologías que querrían ser dominantes. Se insistía en ofrecer una imagen de modernidad pero la pistola era todavía de uso común. Como dice el refrán, "explicación no pedida, acusación manifiesta". Durante el alemanismo se ostentó un tono cosmopolita y se alardeó de la vida nocturna: eran famosos el cabaret *Ciro's*, el *Variety Club*, el *Waikiki*. (Tuñón, 2006: 26)

Fue al interior de estos últimos espacios que el consumo de música como el mambo, el chachachá y otros géneros caribeños conquistó el centro de México. A partir de entonces "los ritmos tropicales inundaron las fiestas con alegría: 'cara de foca' (Dámaso Pérez Prado) introdujo el mambo con un gran éxito" (Ibidem). Aunado a ello, la radio y el tocadiscos jugaron un rol muy importante en la difusión y la generalización del consumo urbano de este tipo de música. Dichas tecnologías aceleraron también su propagación en diferentes espacios urbanos y entre diferentes clases sociales. En este sentido, a causa de su alto costo, la escucha de la música tropical en los grandes cabarets nocturnos de la época era prácticamente inaccesible para la mayor parte de la población urbana del país. Fue entonces gracias a la utilización colectiva de aparatos de sonido domésticos que los habitantes pobres de la ciudad desarrollaron lentamente un interés por este tipo de música. Así lo muestran en varias ocasiones las historias de vida presentadas por Oscar Lewis en su clásico *Los hijos de Sánchez*:

> En la vecindad, por distintas razones, siempre había baile […] Cada ocho días los muchachos rentaban un tocadiscos y todos los que querían podían bailar en el patio. En ese tiempo yo todavía iba a la escuela y usaba trenzas y tobilleras. El baile empezó a las siete, y se animaba como a las ocho, ocho y media, pero yo me tenía que dar prisa si quería bailar, porque mi papá nos chiflaba y nos metía muy temprano. (Oscar Lewis, *Los hijos de Sánchez*)

Si el consumo de la música tropical significó para las clases altas del país una suerte de entrada a la moderna vida nocturna cubana de la época, para los grupos no privilegiados de la sociedad mexicana, el consumo de este tipo de música parece haber servido como un medio de adaptación al medio urbano. De modo que las pistas de baile de los cabarets privados, por un lado, y los patios interiores de las vecindades, por otro, funcionaban como dos polos en torno a los que se organizaba el consumo urbano de la música tropical en el México de mediados del siglo XX. Ahora bien, esta división rigurosa de los espacios de consumo se atenuó a medida que el gusto por este tipo de música—así como la posibilidad de escucharla en vivo—se generalizaron. Los grandes salones de baile jugaron un rol muy importante en este proceso: se trataba de grandes espacios modestamente decorados en los que orquestas llamadas sonoras tocaban—y tocan aún en nuestros días—canciones populares ante un público también modesto (Sevilla, 1998).

Empero, la lógica simbólica asociada al consumo de la música tropical se transformaría de modo importante a partir de los años sesentas. Con la Revolución Cubana, la burguesía mexicana y la industria cultural nacional se alejaron de la producción musical de la isla ahora socialista. Al parecer, este alejamiento ocurrió tanto como parte de un posicionamiento político de rechazo al régimen cubano por parte de la industria disquera mexicana como también en el marco de importantes cambios implementados por las políticas culturales del nuevo régimen cubano revolucionario (Fernández de l'Hoeste y Vila Fernández, 2013). Fue en este contexto que la música anglófona comenzó a desplazar los géneros caribeños del "campo" del consumo de la música extranjera en México (Moreno, 1990). A partir de entonces a los salones de baile populares y a las parejas que gustaban de este tipo de espacios comenzaron a oponerse las pequeñas cafeterías y los espacios de escucha de la música anglófona. Los movimientos rítmicos y repetitivos de la música tropical no atraían más a los cuerpos extáticos y convulsos de los nuevos amantes del rock. Por lo demás, aunque algunos procesos de circulación cultural ocurrieron a propósito de la música anglófona, la imposibilidad de comprender la letra de las canciones parece haber representado—al menos en un primer momento—una barrera que impedía la difusión de esta clase de música entre las clases populares (para un estudio de la inserción del rock en las identidades populares juveniles, véase Urteaga, 1998).

Ahora bien, la cumbia, de origen colombiano, y la salsa, puertorriqueña, se generalizaron en México en los años setentas, cuando el mercado simbólico del consumo de la música extranjera había ya relegado los géneros "tropicales". Héctor Fernández de l'Hoeste y Pablo Vila Fernández (2013) proponen la hipótesis de que la cumbia se pudo haber popularizado en México por diferentes vías: el contacto de inmigrantes mexicanos con sus pares colombianos en los Estados Unidos; la presentación de algunas agrupaciones musicales colombianas en territorio mexicano; la creación de canales de comercio entre los cárteles de la droga de ese país y los mexicanos. Como veremos en este trabajo, otros dos importantes factores en este proceso de difusión fueron la propia industria cultural mexicana (como lo sugiere también Olvera Gudiño, 2013) y los viajes de algunos mexicanos a América del Sur en busca de nuevas propuestas musicales. Es importante subrayar aquí que el ordenamiento jerárquico de las prácticas de consumo musical en el México de los sesentas no dejaría a la cumbia ninguna posibilidad de alcanzar el lugar antaño ocupado por otras músicas tropicales (como el mambo o el chachachá) entre las élites del país.

Más tarde, en los años ochentas, la pobreza, la contaminación y la falta de servicios se generalizarían y se convirtirían en las características distintivas de la vida urbana en México. En efecto, la baja en los precios internacionales del petróleo, la devaluación del peso, la inflación y el aumento del desempleo golpearon duramente a los habitantes más pobres del país. El gobierno mexicano intentó entonces arreglar esta situación dejando las políticas sociales en manos del mercado y favoreciendo la integración de la economía nacional a una economía mundial en proceso de neoliberalización. En ese contexto, como es bien sabido, los capitales privados nacionales e internacionales comenzaron a comprar diferentes empresas públicas (la banca, la telefonía, la televisión públicas) y el mercado de bienes de consumo se abrió cada vez más al mercado extranjero. Como era de esperarse, la adaptación de las clases populares a estas nuevas condiciones dio lugar a la diversificación de sus estrategias económicas de sobrevivencia (formales e informales). La venta de artículos extranjeros entrados ilegalmente al país (piratería) fue una de ellas, pero también la migración internacional, que puede ser vista como la respuesta más importante de las clases populares rurales y urbanas ante las condiciones adversas generadas por la crisis de los ochentas. Una prueba de ello es el aumento en el número de mexicanos que emigraron hacia los Estados Unidos durante los años ochentas, de los que una parte importante era de origen urbano (véase CONAPO, 2006).

Para entonces, la cumbia se había ya consagrado como el género musical más apreciado por los sectores mas empobrecidos de la población (Blanco Arboleda, 2005), lo que, al parecer, ocurrió no sólo en México, sino también en otros países de América latina (Karmy Bolton, 2013; Fernández L'Hoeste y Vila, 2013; Alabarces y Silba, 2014). Podemos especular en este sentido sobre el hecho de que, en oposición a la salsa—cuya interpretación exige de mucho más músicos y de una importante diversidad de instrumentos—la simplicidad instrumental y musical de la cumbia y su consecuente ductibilidad pudieron haber favorecido su apropiación y adaptación por parte de músicos sin mucha experiencia y sin grandes medios financieros en diferentes latitudes y naciones (Fernández L'Hoeste and Vila, 2013). Ahora bien, en un contexto de pobreza creciente, la creatividad musical de las clases populares no se detuvo con la apropiación de la cumbia. Así, el fenómeno de la migración internacional hacia los Estados Unidos daría lugar a una nueva transformación en el campo del consumo "tropical", transformación que, como veremos, tomó toda su fuerza a partir de los años ochentas. Hacemos aquí referencia, desde luego, a la formación del medio sonidero, un medio transnacional de consumo musical creado por los habitantes pobres de las ciudades mexicanas y por los mexicanos emigrados "al norte".

Contexto de origen y desarrollo del medio sonidero en la ciudad de Puebla

Al parecer, los primeros antecedentes de los sonidos actuales aparecieron en la ciudad de México en los años 1950. Se trataba por lo regular de personas que rentaban sus tocadiscos para fiestas privadas. Entre los precursores se considera a los sonidos Arcoíris, Fascinación, El Rolas, Cristalito Porquis, Tacuba, Bombo y maracas, Garibaldi, Maracaibo y Amistad Caracas (Sáenz, 1999). A decir del antiguo propietario de un sonido de la ciudad de México (y ahora promotor de una radio comunitaria en Ciudad Netzahualcóyotl), los sonidos proliferaron al ritmo de la expansión urbana de la ciudad. Así, nos cuenta, cada nuevo barrio creado mediante asentamientos más o menos regulares nacía "con su sonido bajo el brazo". Al parecer, la presencia del sonido era vivida como una suerte de afirmación y legitimación de la nueva formación vecinal. Como veremos más adelante, esta adscripción barrial de los sonidos es una característica también central del medio sonidero de la ciudad de Puebla.

En la actualidad, este fenómeno cultural tiene una fuerte presencia en la mayoría de los Estados del centro de la República Mexicana (Distrito Federal, Estado de México, Puebla, Tlaxcala, Hidalgo, Morelos, Guanajuato, Michoacán) y entre algunas comunidades de mexicanos en los Estados Unidos (principalmente en las ciudades de Nueva York, Los Ángeles y Chicago—véase, por ejemplo, Ragland, 2013). En Puebla, el movimiento sonidero se desarrolló a finales de los setenta y a principios de los ochenta, esto es, en un momento en el que la urbe comenzaba a experimentar las consecuencias de un rápido crecimiento demográfico e industrial. En este sentido, como ya lo hemos visto, si bien es cierto que las transformaciones "modernizadoras" de la ciudad aparecieron desde la década de los treinta "fue hasta la década de los setentas cuando el crecimiento urbano de la ciudad de Puebla y su zona metropolitana se aceleró, multiplicándose los nuevos fraccionamientos, cambiándose el aspecto de las colonias o barrios de la ciudad" (Barbosa Cano, 1993: 36). El movimiento sonidero se desarrolló en la ciudad de Puebla en este contexto de masificación urbana y permitió a los jóvenes de las clases trabajadoras de Puebla y a sus emigrantes el crear los espacios de diversión y de esparcimiento que les eran necesarios.

La creación de sonidos no fue, desde luego, la única respuesta cultural popular ante estos cambios sociales. Los distintos grupos que conforman las clases trabajadoras reaccionaron de manera diferente ante el crecimiento urbano y ante la "obligatoriedad" del capitalismo urbano. El movimiento sonidero, en este sentido, surgió específicamente dentro de grupos entre los que—fomentado por salones de baile y cimentado por el consumo casero de la música (vía radio o modular), el gusto por la música tropical estaba ya profundamente arraigado. De manera que, en una suerte de doble actualización, a la vez que los sonidos confirieron al consumo de la cumbia una nueva base tecnológica y organizacional (más capitalista y moderna), transformaron también el gusto que dicho consumo satisfacía y lo hicieron compatible con las características urbanas y socioeconómicas que aquellos grupos de clase popular comenzaban a adquirir (más urbanos y transnacionales a causa de la emigración). En un contexto de fuerte urbanización, este proceso de doble actualización dio al medio sonidero—digamos retomando a Walter Benjamín— una suerte de "aura desruralizante y modernizadora".

El desarrollo del medio sonidero requirió de la existencia de comercios y de centros de distribución que hicieran posible la adquisición de diferentes equipos de luces y sonido. Si bien es cierto que, como muchos sonideros lo han comentado, la tecnología de los sonidos de los primeros años era relativamente simple y muchas veces hasta improvisada (por ejemplo, cuando los sonideros utilizaban botes de productos alimenticios o de otro tipo para fabricar sus luces o cuando empleaban aparatos de sonido caseros en bailes públicos), también es cierto que su éxito necesitó del desarrollo en (o del ingreso a) México de una tecnología mínima de luces multicolores y de audio. En algunos casos la expansión de los sonidos se asentó sobre la base tecnológica que les proporcionaba la existencia previa de diferentes grupos musicales. Este fue el caso, por ejemplo, del sonido Arce 3, uno de los más famosos de la ciudad de Puebla: A finales de los ochentas, un grupo de jóvenes (todos miembros de la pandilla Banda blanca) pidió a un vecino que les rentara el equipo electrónico de su grupo musical para hacer una fiesta en la que celebrarían su aniversario como banda (en el sentido de pandilla, palomilla). El propietario accedió y envió como responsable a su hermano—el actual dueño del sonido. Éste se dio cuenta de que la renta del equipo musical era un buen negocio e inició con lo que entonces fue el sonido Banda Blanca (nombre que tuvo que cambiar por el de Arce 3 cuando los miembros de la banda mencionada crearon su propio sonido y utilizaron el mismo nombre).

Algunos autores sugieren que el movimiento sonidero no se originó en el seno de las clases populares dado que diferentes empresas disqueras parecen haber estimulado su proliferación con el objetivo de promocionar sus productos musicales (anteriormente, por ejemplo, algunas disqueras premiaban a los sonidos más destacados). Como Amparo Sevilla (1998) escribe en un artículo sobre los salones de baile de la ciudad de México: "Las compañías editoras prueban el éxito de sus discos difundiéndolos primero con este tipo de 'sonideros', si el grupo o la canción es bien recibida, entonces lo imprimen para distribuirlo comercialmente" (Sevilla, 1998: 266). La relación entre disqueras y sonidos es, sin embargo, más compleja, pues la mayoría de los sonidos experimentan conflictos constantes con aquéllas y con diferentes grupos musicales a causa de problemas relativos al uso no autorizado de la música que tocan y al pago de los derechos de autor y de propiedad intelectual. Desde mi punto de vista, si bien es posible que algunas empresas disqueras hayan alentado la formación de algunos sonidos con el fin de favorecer sus propios intereses, eso no significa que ese haya sido el caso de todos los sonideros. Si así fuera, entonces lo que ocurrió es que dicha práctica de promoción empresarial estalló por la culata, pues fue transformada por los sonideros en una actividad de economía popular que, en oposición a los intereses de las editoras de discos, terminó por involucrar no sólo a los sonidos y al uso no autorizado de la música, sino también a la producción y al comercio de casetes y de discos compactos (CD's), playeras y chamarras con el logotipo de los sonidos, además de la venta de otro tipo de objetos (mochilas, tarjetas, medallas, etc.).

La mayoría de los sonideros (es decir, los propietarios de los sonidos) contactados en nuestra investigación concuerda con la idea de que los sonidos existían en el ambiente cultural poblano desde antes de que el movimiento sonidero tomara fuerza en la ciudad. En un principio los sonidos se presentaban sólo en los intermedios de las "tocadas" de grupos musicales o en fiestas familiares, siempre desde una posición relativamente subordinada con respecto a los grupos musicales. Con el paso del tiempo, sin embargo, el consumo musical sonidero fue tomando importancia entre los jóvenes por varias razones. Por una parte, en un contexto de crisis económica, cada vez era más caro pagar un grupo musical; por otra parte, los sonidos ofrecían otro tipo de ventajas, pues no sólo eran más baratos y tocaban tanta música como discos tuviera el sonidero—sin importar la antigüedad o el grado de dificultad de las canciones—, sino que ofrecían siempre el mismo tipo de calidad en la interpretación (un grupo está siempre limitado por la habilidad de sus músicos y la variedad de su repertorio).

Es así como nació de la mezcla del amor por la música tropical, del apego por el barrio y de un espíritu de empresa popular capitalista lo que uno de mis entrevistados llama el "sentimiento del sonido":

Ejemplo, mi vecino tiene sus bocinas y tiene sus casets. Voy y le digo:
—¿Cuánto me cobras por ir a tocar?
—No, no te cobro nada, vamos a tocar.
Y el muchacho dice: '¡Pues si esto es negocio!'. Se da cuenta y él abre los ojos y dice: 'híjoles', ya tengo mis bocinitas y lo que sea, la voy a ocupar ahora para cualquier evento que quieran, casero, voy'. Y él dice: 'no, pues, como que me hace falta otras cosas para que suene más duro'. Y de ahí nace el sentimiento del sonido. ¿Por qué? Dice: 'bueno, ya tengo dos bocinas, ahora voy por otras dos... ora compro cuatro bocinas'. Y suena más duro, y dice [alguien]: 'Pero quiero que me mandes saludos como un grupo'. Entonces, ¿qué dice?: 'Bueno, compro mi micrófono'. Igual, manda sus saludos y de ahí es como nace el sonido, de lo mismo de la necesidad de la gente nace el sonido. (Juan Cruz, 18 años, dueño de Publicidades Dragón)

Volveremos más tarde sobre el "sentimiento" que nuestro entrevistado asocia a los sonidos. Retengamos en la mente, por lo pronto, que su testimonio evoca la lógica mercantil y el ambiente de competencia en el que todo sonidero está inmerso.

En un principio los sonidos de la ciudad de Puebla eran, como aquellos aludidos de Ciudad Netzahualcóyotl, de índole local/barrial y el negocio de publicidad que ahora existe en torno a ellos no estaba desarrollado. Aunque algunos sonideros (los más audaces e innovadores, la mayoría de ellos de la Ciudad de México) acostumbraban viajar a América del sur (Colombia, Ecuador) para comprar música y difundirla de modo exclusivo en México, la mayoría de los sonidos actuaba dentro de un radio de acción bastante limitado. En Puebla, destacan como pioneros los sonidos Flama cumbiambera (de INFONAVIT Amalucan), Junior Disco (de la colonia 20 de Noviembre), Sombras de la Pantera (de la Colonia Adolfo López Mateos), Arce 3 (de la Colonia Tepeyac) y Colombia (del barrio de San Antonio). Pero no fue sino a partir de los años noventas que el movimiento comenzó a tomar un mayor impulso, y ello en gran medida gracias al aporte económico de la población emigrante de la ciudad, que desde la década anterior había empezado a emigrar hacia los Estados Unidos en busca de oportunidades laborales. Este hecho dio no sólo fuerza al movimiento sino que le asignó también un carácter indiscutiblemente transnacional. Los sonidos comenzaron entonces a multiplicarse; su base material/tecnológica se modernizó (introdujeron, por ejemplo, equipo de mayor potencia y costo); surgió todo un ambiente popular a su alrededor; la organización de bailes se hizo más frecuente, y poco a poco comenzó a ampliarse el área de influencia sonidera. Esto último hasta el punto de que, en algunos casos, luego de haber comenzado con una simple presencia local, algunos sonidos se hicieron de una fama nacional y transnacional. Así, los sonidos más exitosos comenzaron a presentarse en algunas ciudades norteamericanas (entre los sonidos poblanos, este fue el caso del sonido Fantasma, el más prestigioso de la ciudad). Apuntemos que, al parecer, para realizar esas presentaciones, la estrategia de los sonideros ha sido siempre la de viajar con un equipaje mínimo a los Estados Unidos para rentar el equipo necesario para su presentación una vez en territorio estadounidense. Todo parece indicar, además, que muchos de esos desplazamientos son realizados a través de las rutas migratorias utilizadas por los emigrantes indocumentados.

Localmente, el movimiento sonidero se afianzó también como práctica de economía popular. Así, desde inicios de este siglo, los publicistas constituían ya un componente importante del movimiento sonidero poblano. Ellos se encargan, como veremos más adelante, del comercio de distintos artículos y de la difusión de los distintos festejos sonideros que se realizan en la ciudad. Los principales publicistas se encuentran, por lo regular, en las zonas obreras de la ciudad, en las calles más transitadas y en diferentes mercados y centros comerciales populares.

Ahora bien, en este momento es necesario precisar que, en la ciudad de Puebla, el consumo de música mediante la renta de equipos de luces y audio nunca ha sido exclusivo de las clases populares. De ahí que algunos sonideros a menudo distingan entre lo que se podría llamar "el luz y sonido"—o la "disco móvil", más cercano a las clases medias—y los "sonidos de la gente popular"—que es lo que a nosotros nos interesa en este trabajo. Las diferencias más notorias entre ambos tipos de sonidos son, entre otras, las relativas al tipo de música que tocan, pues mientras los primeros se caracterizan por presentar música "disco" mezclada, los segundos tocan, sin mezclar (salvo en las pausas), música tropical (salsa, cumbia, bachata) y—aunque en menor medida—rock popular urbano (El Tri, El Haragán, El Vago, Banda Bostik). Otra diferencia es la que se refiere a los distintos derroteros culturales de ambos tipos de sonidos, es decir, al hecho de que mientras en el seno de las clases populares se ha creado, como veremos más adelante, todo un ambiente cultural sonidero, todo un *medio* en torno a los sonidos; al interior de las clases medias los equipos de luz y sonido tienen un carácter más bien desarticulado y disperso. Otra diferencia importante entre el sonido popular y los equipos de luz y sonido clasemedieros se refiere al hecho de que, a diferencia de éstos últimos, el "medio sonidero" se ha desarrollado como una especialización, en el ámbito del consumo cultural, de las prácticas económicas urbanas locales y transnacionales de las clases populares (que, como vimos anteriormente, han sido un importante eje de desarrollo para los usos populares del espacio urbano poblano).

Medio sonidero y ciudad en la Puebla del nuevo milenio

Como ya lo he mencionado, desde su inicio los sonidos poblanos emergieron al interior de las colonias populares de la ciudad. La mayoría de los sonidos que existían durante mi trabajo de campo (según se desprende de lo publicado en el *Directorio 1999 sonidero*) eran originarios, más o menos, de la misma zona urbana en la que aparecieron los primeros sonideros. Se trata de la parte norte-noreste de la ciudad, que abarca desde la colonia Vista del Valle hasta las colonias y unidades habitacionales de la zona del cerro de Amalucan. Ésta es un área urbana cuyo principal periodo de crecimiento ocurrió durante los años sesenta-setenta (aunque, por supuesto, en dicha zona hay también una importante presencia de juntas auxiliares, que son poblados rurales de origen antiguo e integrados recientemente a la ciudad) y en la que se puede detectar una fuerte presencia del comercio popular y de vendedores ambulantes: los mercados Venustiano Carranza, Hidalgo, Morelos, e Ignacio Zaragoza (véase Melé, 1994).

Ahora bien, si bien la mayoría de los sonidos son más o menos originarios de la misma zona, éste no es el caso de las personas que asisten con frecuencia a los bailes. Según se desprende de las encuestas aplicadas dentro de nuestro trabajo de campo, los asistentes a los bailes provienen de casi todas las partes de la ciudad, desde el sur en rápido y reciente crecimiento hasta la zona norte, pasando por el centro y por el este de la ciudad. El oeste de la ciudad, dada la relativa ausencia de colonias populares y la existencia de un equipamiento urbano dirigido más bien hacia las clases medias y altas, es, en este sentido, una excepción.

Los bailes sonideros son organizados en casi todas las colonias populares de la ciudad. Estos bailes pueden ser de carácter público o privado, esto es, pueden ser organizados para el público en general (con cobro de entrada o sin éste) o pueden ser realizados con el objetivo de realizar una fiesta privada. Ahora bien, es prácticamente imposible saber cuántos bailes sonideros se realizan en la ciudad durante el año. Los registros elaborados por algunos publicistas para la venta de sus casetes nos permiten pensar en varios centenares. Por mi parte, por ejemplo, pude documentar la actividad de 28 sonidos en un año (de junio de 1998 a junio de 1999), registro que incluyó más de 100 bailes. Considérese ahora que no todos los bailes son registrados por los publicistas y que, como veremos más adelante, en la ciudad había, durante mi trabajo de campo, varias centenas de sonidos. Se trata, sin duda, de un fenómeno cultural con mucha fuerza y con amplia presencia.

En algunas colonias se improvisa las pistas de baile cerrando las calles, mientras que en otras—en las que poseen salones de fiestas (cómo es el caso de la mayoría de las unidades habitacionales del INFONAVIT), se utilizan espacios más adecuados. Los principales salones y pistas utilizadas para la realización de los bailes sonideros masivos eran, a finales de los años noventa, el salón Jorge Murad (ubicado al norte de la ciudad, junto a un centro comercial que lleva el mismo nombre), las pistas La CAPU y La terminal (que se encontraban también al norte de la ciudad, a un lado de la central camionera), el Salón Turo (al este de la ciudad, frente al Estadio Cuauhtémoc). Un hecho de especial importancia era la conformación de pistas de baile a partir de la apropiación y el uso como tal de distintos espacios urbanos. Muestra clara del modo cómo el *espace vécu* de Henry Lefebvre se materializa y da un sentido propio al espacio material urbano, las pistas sonideras se hacen a menudo mediante el baile, sin que importe mucho si se trata de espacios apropiados o construidos ex profeso para funcionar como tales. A decir de un publicista, las pistas sonideras son: "Las zonas que ya están cotizadas, que ya están acreditadas como sonideras, [como] pistas sonideras. Una pista sonidera se hace cuando tú llegas, vas, vas, vas… Entonces ya tienes muchos seguidores en esa pista, ya la identifican como pista sonidera" (Dueños de Publicidades el Guapo). Así, en la colonia INFONAVIT Amalucan, existía en aquella época la llamada "Pista Fantasma", una cancha de basquetbol en la que frecuentemente se organizaban bailes con el sonido del mismo nombre (Fantasma).

Los bailes son organizados por motivos diversos. Algunos sonideros afirman que en la actualidad cualquier pretexto sirve para organizar uno. Desde el punto de vista de los sonidos, los bailes casi siempre tienen su razón de ser en el lucro, en el negocio que ellos realizan al cobrar por el servicio que prestan. Sin embargo, esa actitud no es siempre la misma en el caso de los organizadores de los bailes. Si bien existen "promotores" que se ocupan de organizar "tocadas" (bailes) para obtener ingresos económicos, también existe otro tipo de organizadores, mismos que realizan los bailes con objetivos bastante distintos. Así, la banda de jóvenes Los Kewis de la colonia o barrio Chapultepec organizó un baile para celebrar su aniversario el 21 de mayo de 1999 (y lo mismo hicieron en esa época los 30's de Xonaca—14-V-99, los Perros de guerra de Chachapa—22-XI-98, los Vagos de la 8, 1-VIII-98, los Cachorros de Amalucan—6-V-98, y muchos otros). Es posible observar, en este sentido, cómo el consumo de la música en los bailes se adapta al cumplimiento de diferentes objetivos y a diferentes valores culturales. Es común, por ejemplo, que se realice bailes gratuitos (o en los que el costo de entrada es mínimo) en las fiestas que organizan anualmente los barrios tradicionales del centro de la ciudad.

El 16 de julio de 1998, por ejemplo, se realizó el festejo a Nuestra Señora del Carmen en el barrio del mismo nombre. Ese día, hubo dos bailes. Uno fue organizado por un señor que tradicionalmente se encargaba de esa tarea ("desde hace doce o trece años", según sus propias palabras) y otro por un grupo de muchachos que querían, según ellos, "dar algo al barrio" y que se negaban a permitir que el señor antes mencionado continuara organizando el festejo, ya que cada año lo hacía, "pero sin peleas de box y sin juegos", por lo que, con él, la tradición se estaba perdiendo, decían los jóvenes. De modo que, con el patrocinio de algunos negocios locales, organizaron su propio festejo y, con él, su propio baile, mismo que tuvo un costo de entrada. Los jóvenes justificaban éste último diciendo que lo único que buscaban era recuperar lo invertido ("ocho kilos nos salió el Sonido"). Un caso similar pude observar en el barrio San José el 19 de marzo de 1999. Ahí también se organizó dos bailes, uno completamente gratuito y otro con un costo de entrada de 20 pesos (monto relativamente alto en esos años). Según los organizadores de éste último, el objetivo de quienes habían organizado el baile gratuito era "tronar" el baile en el que sí había un costo de entrada, objetivo que no consiguieron, pues los dos bailes tuvieron mucho éxito. La organización de los bailes sonideros se encuentra, entonces, inextricablemente insertada en las dinámicas de poder que, a nivel micro-local, confluyen en la construcción y la reproducción cultural de las identidades de barrio y colectivas. Como veremos más adelante, dicha inserción espacial local sonidera tiene en los diferentes grupos juveniles (las bandas) su punta de lanza.

Ahora bien, los sonidos tienen presencia no sólo en la ciudad y en su zona metropolitana, sino también en muchos municipios y pueblos separados de ésta. De hecho, económicamente hablando, conviene más a los sonideros tocar fuera de la ciudad, pues—según lo explican ellos mismos—como en los pueblitos alejados no están acostumbrados a escucharlos, cuando se presentan la gente paga "cualquier cantidad de dinero" por asistir a los bailes. En este sentido, algunos sonideros afirman que "en los pueblitos son bien discutidos [generosos]" y que en la ciudad el negocio es cada vez menos rentable dada la abundante competencia. En palabras más precisas:

> Pues el sonido en la zona urbana pega más, pero donde es más cotizado y tiene mejor auge económico es en los pueblos, porque en los pueblos se pide tanto de dinero y aflojan, en la zona rural, y acá [en la ciudad], no. Aquí se pide determinada cantidad por un sonido y no te la pagan, o se pide determinado billete porque entres a un baile y no te lo pagan. Debe ser acá más accesible en precio económico que en los pueblos. Allá en los pueblos les piden 35 ó 50 pesos por entrada y sí los pagan. Esa es la diferencia. (Dueño de Publicidades el Guapo)

Varias consideraciones surgen a partir de esta constatación. Por una parte, el éxito rural de los sonidos puede estar ligado al aura "modernizadora" que caracteriza al espectáculo de luces y sonido a los ojos de ciertas poblaciones rurales. En este sentido, en consonancia con lo dicho por Ana Lidia Domínguez Ruiz (s/f), el acceso, en el medio rural o semi-urbano, a la vida nocturna que los sonidos implican puede también ser visto como una forma de inserción dentro de la modernidad urbana. Por otro lado, los sonidos son también interesantes y, sobre todo, bien vistos en el medio rural porque ahí no están asociados a los prejuicios y problemas sociales que, como veremos, los acompañan a menudo en la ciudad. Empero, dado que el gusto rural por los sonidos se desarrolló en torno al medio sonidero urbano, es válido considerar a la ciudad como el espacio idóneo para el estudio de este fenómeno cultural. Esta investigación se centra, por ello mismo, en el movimiento sonidero tal y como existía en la ciudad de Puebla durante mi trabajo de campo. A continuación presento de modo más detallado tanto la base organizacional y material sobre la que se sustenta como los grupos sociales y los bienes de consumo a él asociados al interior de dicha urbe.

El sonido del barrio poblano

Este capítulo y el siguiente contienen los principales resultados del trabajo etnográfico realizado a inicios de este siglo así como varias consideraciones que se desprenden de mis investigaciones posteriores. Presento a continuación una descripción detallada de la organización del medio sonidero y de las características socioculturales e identitarias de quienes en él participan.

De sonidos y sonideros

Pese a lo escaso de su equipo o a su poco personal, los sonidos no dejan de ser, a fin de cuentas, negocios y su objetivo es, en última instancia, generar un ingreso. La lógica dominante que en ellos está presente (sean grandes o pequeños) es la del orden capitalista, a saber, la lógica de la ganancia que se transforma en inversión para luego convertirse nuevamente en ganancia. Ese es el "sentimiento del sonido" del que nos hablaba nuestro entrevistado. En este sentido, es interesante que éste último perciba la lógica de la acumulación como un sentimiento (y no como un sentido o significado), cómo una aprensión por invertir y reinvertir. Su testimonio es interesante y revelador porque coloca el ímpetu sonidero no al nivel del sentido, sino al nivel de lo que la filosofía lacaniana de autores como Slavoj Žižek (1989) llama *lo real*: ese vacío en torno al que el orden simbólico gira sin lograr nunca detenerse ni cerrarse en un círculo perfecto y autoreferencial. Es en este orden de ideas que debemos entender la respuesta a la siguiente pregunta: ¿Son los sonidos un buen negocio?

> Depende de cómo sepas invertir los muchos o pocos ingresos que llegues a aceptar y también cómo distribuyas y sepas administrar esos ingresos. Yo creo que todo negocio es bueno, todo depende de cómo lo quiera uno administrar y de cómo lo puedas administrar. Si lo administras mal puedes tener el mejor sonido del mundo, pero si te dedicas a malgastar, a no cuidar el equipo… obvio que te vas a ir a la quiebra; y lo mismo de un equipo pequeño, pues gracias a Dios nosotros empezamos sin nada y 'orita ya tenemos un pequeño capital, ¿no? Eso habla y dice todo. (Alfredo Juárez, 28 años, propietario del sonido Los Quick)

Los sonidos, no obstante, están lejos de ser el arquetipo de la empresa capitalista y su desarrollo está ineluctablemente condicionado por el hecho de que han sido desarrollados por los miembros de las clases populares, con toda su carga cultural y con su condición, a fin de cuentas inevitable, de clase subordinada o subalterna. De ello da cuenta, por ejemplo, la dependencia de muchos de ellos del trabajo familiar. Los sonidos son entonces *capitalismo popular*, expresan la aceptación, por parte de las clases dominadas, de las reglas, o, digamos (por seguir en el registro musical), del ritmo que el capitalismo impone a la producción y al consumo cultural. Son la muestra de cómo la cultura legítima al capitalismo y, en particular, de cómo la industria cultural lo hace sin recurrir a la coacción ideológica sino mediante la simple adaptación de la lógica formal del capital (D-M-D') a las prácticas culturales de las clases populares. Desde luego, por "capitalismo popular" no me refiero a la existencia de algo así como un modo de producción "capitalista popular", sino al hecho de que, al interior de la economía capitalista, las clases populares pueden desempeñar actividades de tipo "empresarial" que les sean propias y, por tanto, distintivas (piénsese también, por ejemplo, en el comercio ambulante).

Desde luego, ser propietario de un sonido no significa estar libre de los problemas económicos que aquejan a las clases populares:

> Hay tiempos en que definitivamente el trabajo se nos escasea bastante y a veces me siento desesperado, como con ganas de regresar a la ocupación que hubiera podido tener—de contador público-, con ganas de terminar mi carrera y poder titularme y tratar de tener algo, pero un ingreso ya fijo porque esto es muy variable: puedes tocar como no puedes tocar en un mes, dos meses… Puedes estar tocando cada ocho días, cuatro, cinco veces a la semana… O un mes sin tocar y eso te desespera por ti mismo y por la gente que depende de ti: los choferes, la familia. Porque tú sabes que ellos tienen que comer y si no trabajas y te dedicas al puro sonido tienes que ver de dónde sacas. (Alfredo Juárez, 28 años, propietario del sonido Los Quick)

O en palabras de otro sonidero:

> Para mí en lo personal esto ya es una carga muy pesada, o sea, desveladas tras desveladas… Llega el momento en que también te llegas a desesperar, ¿no? A veces uno está en esto por necesidad, por la inversión—la *poca* inversión—que tienes… desecharla ¿así? Y, ps, más que nada para nosotros esto ya es una fuente de trabajo. Imagínate, ya a la edad de uno no tienes en qué laborar, pues ya no la haces, ¿no? Ir a un trabajo…, ps, ya no te lo dan fácil. Entonces, prácticamente uno tiene al sonido como una fuente de trabajo. (Alberto Arce, 38 años, propietario del sonido Arce 3)

Fue durante los años noventa que la proliferación y la transformación de los sonidos hizo que algunos de ellos adoptaran características económicas distintas de las que poseían originalmente. De ahí, por ejemplo, que algunos sonideros consideren que los grandes sonidos que aparecieron a partir de esa época ya no son "sonidos", sino "empresas" debido a que manejan una gran cantidad de equipo y trabaja para ellos un personal relativamente numeroso. Esta distinción es importante pues revela el hecho de que, entre los mismos sonideros, el común de los sonidos es concebido como bastante lejano del ideal de la empresa capitalista. De hecho, durante mi trabajo de campo, en Puebla, el único sonido que contaba con ese tipo de características de gran empresa era el sonido Fantasma, la mayoría de los demás—aunque, a decir de algunos entrevistados, dos o tres le "pisen la sombra"—se basaba todavía de modo importante en el trabajo familiar y en el uso de una fuerza de trabajo a la que se accedía de modo relativamente informal, mediante, por ejemplo, acuerdos a la palabra. Los sonidos funcionan en ese sentido como una fuente de ingresos que permite a sus propietarios costear sus propios gastos y los de su grupo familiar y/o doméstico. Los sonidos, insisto, tienen que adaptarse a las exigencias económicas y socioculturales propias a la condición de clase de sus propietarios.

Contratar un sonido, en este sentido, implica la posibilidad de negociar el acceso a sus servicios apelando a prácticas, hechos o situaciones que, aunque de carácter extraeconómico, son aceptadas como legitimas o válidas pues se les concibe como razonables desde la perspectiva económica de las clases populares urbanas. Así, un sonidero explica:

> … digamos que una cantidad x de chavos están organizando su aniversario de que pus juntos cotorrearon ya tres, cuatro, cinco años. Llegan y nos dicen:
> —Oye, qué onda, necesito un contrato.
> —¿Para cuándo?
> —Para tal día
> —¿Dónde?
> —No, ps, en tal lado. ¿Cuánto nos vas a cobrar? *Es que es aniversario* [de una banda] y va a ser gratis
> —*Ps, como buen sonido, uno agarra la onda y…*
> —¿Sabes qué? Si cobro seis pesos, te voy a cobrar cinco.
> Te cobra un poquito menos a lo mejor. (Jorge Moreno, 27 años, dueño del sonido Cristal)

El ejemplo aludido por el entrevistado es el del aniversario de una banda. Nunca, entre otros grupos y clases sociales, el aniversario de este tipo de grupos sería objeto de ese tipo de consideraciones y gentilezas. Lo que quiero ejemplificar aquí es cómo la transacción, el hecho meramente económico de contratar al sonido, se lleva a cabo en función de criterios culturalmente determinados. Con el objetivo de precisar a qué se refiere el término "banda" en Puebla, apuntemos que se trata de un conjunto de jóvenes—hombres o mujeres—de clase popular que *a)* se autodenominan de alguna manera (por ejemplo, "los chopitos", "los pinochos", "los perros de guerra", etc.), que *b)*, por lo regular, pertenecen a la misma colonia o calle y que *c)* se reúnen para convivir en los espacios públicos de la ciudad. Por lo regular, se trata de jóvenes desempleados y de personas con una corta trayectoria en la educación formal. Las bandas son solidarias a su interior y, generalmente, tienen conflictos con otras bandas y con las autoridades (para un estudio de estos grupos y un análisis semiótico de sus prácticas comunicativas véase Reguillo, 1991). Como veremos más adelante, la figura de la banda juvenil es central en el consumo de la música sonidera.

Las opiniones con respecto al número de sonidos existentes en la ciudad de Puebla variaban diametralmente durante mi trabajo de campo. Mientras algunos sonideros consideraban que existían unos 20, otros calculaban que su número ascendía a varias centenas. En el *Directorio 1999 sonidero*, publicación editada en el Distrito Federal, aparecían registrados 70 sonidos para el caso de la ciudad de Puebla. Sin embargo, es válido sospechar que esta información estaba incompleta y que el número era mayor, ya que según comentarios de algunos sonideros, existían varios sonidos pequeños que no se ocupaban de estos aspectos publicitarios. Por ejemplo, en Loma bonita, la colonia de la que procedía el sonido Kikes—que sí aparece registrado dentro del directorio mencionado— existían a finales de los noventa al menos tres sonidos que no eran mencionados dentro de dicha publicación (Haragán, Yairas y Yambaé). Tomando en cuenta lo anterior, es válido suponer que en la ciudad el número de sonidos era de varias centenas en los noventas.

Algunos propietarios de sonidos están relacionados entre sí mediante vínculos de parentesco, lo cual los lleva a conformar lo que en el medio se conoce como "dinastías". Oropel lexical y arma de mercadotecnia, dicho vocablo se utiliza para, a los ojos de los asistentes a los bailes, dar un cariz resaltante y atractivo a los sonidos así aparentados, que no son sino empresas cuya creación se ha apoyado fuertemente en las relaciones de colaboración propias al parentesco. En efecto, las "dinastías" son una suerte de evolución exitosa de la base familiar que a menudo posibilita el establecimiento de los sonidos. En este sentido, éstos son por lo regular creados en copropiedad por parientes de diverso tipo (esposos, hermanos, padres e hijos, etc.), muchos de los cuales se hacen sonideros gracias al conocimiento que del medio obtienen mediante un pariente también sonidero. Los sonidos brillan a los ojos de sus seguidores cuando alcanzan el grado exitoso de "dinastías", lanzando destellos fascinantes a sus seguidores, tal y como lo hacen sus luces y reflectores.

Apuntemos de paso, como bien lo ha notado Ana Lidia Domínguez (s/f), que los sonideros parecen dar mucha importancia a la grandilocuencia verbal de la que da cuenta el uso del término "dinastía". Esta afición por los superlativos, por la exageración, parece estar ligada a una lógica de presunción o de *bluff* que impone a los sonideros la obligación de presentarse y promoverse como gente de éxito. Así, los sonideros acostumbran fotografiarse con sus camiones y equipos de sonido como fondo, mostrando siempre un pulgar arriba a la cámara, con textos de agradecimiento a sus seguidores y sonriendo ante el micrófono como triunfadores. Desde mi punto de vista, lejos de reducirse a una especie de fantochería publicitaria, esta actitud parece comunicar a los sonideros mismos (en una especie de autoafirmación) la certeza y concreción de su carácter moderno y urbano. Dicha actitud comunica al público, además, la posesión del capital simbólico, social y cultural que permite la sobrevivencia en la ciudad popular (para una análisis inspirador de prácticas juveniles de bluff, véase Newell, 2012)

Dentro del ambiente sonidero poblano destacaban, a finales del siglo pasado, dos "dinastías": la Juárez y la Córdova. La primera incluía los sonidos Fantasma, Quick y Flash (cuyos dueños eran los hermanos Juárez) y al sonido "Olímpico internacional" (propiedad de un cuñado de ellos). El sonido Fantasma se había desprendido directamente del "Quick" al terminar la copropiedad que los dos hermanos tenían de éste. Después, en el seno de la familia Juárez se formó el sonido Flash. El Olímpico Internacional se integró a la dinastía Juárez al casarse su propietario con una hermana de los hermanos Juárez. La segunda dinastía, la Córdova, incluía los sonidos Latino y Reebock (el propietario del sonido Latino era tío del dueño del sonido Reebock). El primero de ellos fue el Reebock, cuyo propietario alentó al del Latino para que empezara su negocio como sonidero. Aunque pronto veremos lo relativo al ambiente de los bailes, apuntemos por el momento que la competencia que existía entre ambas dinastías se manifestaba en los bailes mediante porras como la siguiente: "al Fantasma se le respeta, pero llega el 'Latino' y le echa un pedo en la jeta". Por supuesto, esta porra fue elaborada por un miembro del sonido Latino. Como veremos más adelante, el dejo rabelesiano de esta rima es una constante en el ambiente de los bailes, característica que es bien compatible con la estética de "degradación" (por oposición a la de la estética de sublimación) que, según Mikahel Bajtin (1987), caracteriza a la cultura popular (ciertamente, Bajtin se refiere a los textos renacentistas de François Rabelais, pero ello sólo hace más sorprendente la pertinencia de sus reflexiones).

Organización gremial sonidera

Pese a que, en general, los sonideros poblanos siempre han carecido de una organización política o gremial consolidada, que represente los intereses de *todos* los sonidos de la ciudad, durante mi investigación etnográfica existían dos organizaciones conformadas por unos cuantos de estos: una de ellas era más bien embrionaria, pues estaba en formación; la otra, relativamente joven, había sido creada a mediados de los años noventas. Ésta última era *La unión de sonideros Ignacio Zaragoza* (USIZ) y agrupaba, a decir de uno de mis entrevistados, "a todos los sonidos, famosos y no famosos". Esta organización de sonideros había sido legalizada ante notario y tenía la función tanto de realizar bailes y premiaciones como de representar a los sonidos ante las cuestiones y problemas relativos a las leyes de derecho de autor. La USIZ estaba vinculada al PRI, partido que hasta esa época había gobernado ininterrumpidamente el estado de Puebla y que aglutinaba, en su sector popular, una cantidad importante de comerciantes ambulantes. Alberto Arce, propietario del sonido Arce 3, explica:

Lo que pasa es que nosotros quisimos estar en… ¿cómo te diré? Pues sí: afiliados a alguien… en que alguien nos respaldara, ¿me entiendes? Porque anteriormente sí era más duro con nosotros. O sea, antes los grupos [musicales] nos querían chispar a la fuerza, o sea, no nos querían dar chance porque ellos empezaron a perder su fuente de trabajo—¡como antes ahí eran los únicos! Entonces, por eso fue que nosotros hicimos nuestra propia organización—y bien legalizada para que no hubiera ningún problema.

Por medio de la USIZ y de su inserción en las organizaciones priistas de comerciantes que regulaban el acceso al espacio urbano y a las zonas comerciales populares, el medio sonidero participaba, al menos parcialmente, en las relaciones clientelares construidas por ese partido. Esta participación no debe ser entendida como un acto de simple sometimiento, pues, como Sian Lazar (2008) lo ha mostrado para el caso Boliviano, las relaciones clientelares pueden también funcionar como un medio para la creación de una ciudadanía popular, abierta y maleable. En este sentido, el fruto de la participación de los sonidos en dichas relaciones no era despreciable, pues les permitía trabajar en un medio en el que la sanción clientelar tiene el valor de salvoconducto. Los grupos de música tropical—en su mayoría también "clientes" de las organizaciones del PRI—estaban de este modo obligados a reconocer a los sonidos como un competidor legítimo en el medio del consumo musical. Ahora bien, pese a esto último, la participación de los sonidos dentro de la estructura clientelar local parecía más bien periférica y marginal, dado el carácter legalmente precario de algunas de sus actividades (sobre todo la venta de música sin permiso y la realización de bailes en espacios públicos sin autorización previa). En su libro sobre el clientelismo peronista, Javier Auyero (2001) describe éste último a partir de un modelo de círculos concéntricos en el que el principal representante local de la estructura clientelar (el "puntero" en el caso argentino, el "líder" en el caso mexicano) ocupa el centro; el conjunto de individuos más cercanos, una primera órbita, y los grupos más periféricos e inconstantes, la órbita más distante. Desde esta perspectiva, podemos decir que los sonidos ocupaban la órbita distante. Ello sobre todo debido al carácter supuestamente ilegal de algunas de sus actividades.

Las relaciones con los medios

En lo que se refiere al medio radiofónico local, en los años noventas no existía una relación cercana ni constante entre los sonidos y las diferentes estaciones de radio de la ciudad (todas comerciales). De hecho, la mayoría de éstos calificaba de "oportunistas" a las empresas de radio que se acercaban a ellos. Argumentaban los sonideros que esos acercamientos ocurrían sólo cuando las radiodifusoras empezaban como negocios y requerían, por tanto, de audiencia. Una vez logrado ese objetivo, la mayoría de éstas se olvidaba de los sonidos y les cerraban sus espacios:

> Lo que pasa es que la radio anteriormente, la 105.1 FM, cuando iniciaba, te abría las puertas para todo. Llegó a establecerse y un patadón por el trasero: 'vas pa'tras'… Y a volver a luchar, así siempre ha sido. Antes [esta estación] hacía entrevistas y eso es lo que a nosotros nos beneficiaba; ahorita 'ya te mando al carajo, ya si quieres pagas y ya sin entrevista'. Nos abrió las puertas cuando apenas estaba iniciando, pero llegó a establecerse y a hacerse ya la estación muy popular… una patada por atrás al sonidero y a la goma. (Alberto Arce, dueño del sonido Arce 3)

La opinión de los sonideros del Distrito Federal no distaba mucho, en ese entonces, de la que acabamos de leer. El propietario del sonido El Rolas comentaba

> Las radiodifusoras son unas empresas bien vividoras, porque viven de nosotros esos grandes empresarios. Cuando una estación está muerta, nos buscan y nos invitan a una entrevista, y de allí comienza a tomar un auge tremendo. Y resulta que esa estación que estaba muerta se va para arriba… Y al rato ya no se acuerdan de uno, y el spot que empezó como a 25 o 50 pesos, ya después lo quieren de a mil pesos. ¡Nooo, ya déjale así! Entonces, así como nacen, se mueren también, porque ya ha pasado. En la actualidad, ya no nos dan atole con el dedo". (Citado en Sáenz 1999)

Los testimonios anteriores dan cuenta de lo que podemos llamar "el carácter fragmentado" de la industria cultural. Cuando existía, la relación entre las estaciones de radio y los sonideros consistía, principalmente, en la transmisión radiofónica de bailes sonideros, en la realización de entrevistas a los propietarios de los sonidos más importantes y en la difusión de programas de radio dedicados por completo al ambiente sonidero y a los sonidos más destacados. A inicios de este siglo, la estación La Prendida organizaba actividades continuamente y mantenía una relación relativamente estable con el sonido Fantasma y con el medio sonidero.

Ahora bien, es pertinente comentar aquí que, con el paso de los años, el medio sonidero experimentó un cambio interesante en este sentido. Aunque dicho cambio concierne una parte mínima de los sonidos, su importancia radica en haber puesto en evidencia el hecho de que la apropiación popular de las tecnologías de producción, reproducción y difusión cultural es un proceso indiscutiblemente creativo. Así, en el marco de una investigación sobre la radiodifusión comunitaria, realizada en 2011, aprendí que *varias radios comunitarias* (es decir, radios de propiedad colectiva y no lucrativas) *han aparecido, tanto en medios urbanos como rurales, a partir de la existencia previa de los sonidos.* Pude constatar que en demarcaciones federales como el Estado de México y el Estado de Michoacán, algunas radios comunitarias han sido creadas a partir de una primera experiencia sonidera entre sus creadores (González Castillo 2012a). La utilización actual del Internet, en particular, de sitios como YouTube o de diferentes blogs por parte de los sonideros, puede ser interpretada en este mismo sentido y abre nuevas vías a los usos populares de las tecnologías de comunicación. Volveremos un poco más tarde sobre el particular.

Los participantes en el medio sonidero

Como ya lo he mencionado, la conformación global del medio sonidero incluye no sólo a los sonidos y a sus propietarios, sino también a los trabajadores de los mismos (también conocidos en Puebla como "chocomiles"), a distintos tipos de publicistas, a organizadores de bailes (a veces llamados promotores), a vendedores y reparadores de equipo, a grupos de "seguidores" y a la gente que comúnmente asiste a los bailes. Veamos a continuación las características generales de esos diferentes grupos.

Los chocomiles

Los trabajadores de los sonidos son, por lo regular, jóvenes,—a veces adolescentes—a los que se les llama "chocomiles" (o "secretarios" o "chalanes") y cuya labor consiste, principalmente, en la utilización de su fuerza física para transportar y ensamblar el equipo, y en la aplicación de cierto conocimiento técnico relativo a la instalación del mismo. La cantidad de trabajadores que laboran para un sonido nunca es constante, pues depende tanto de la magnitud del baile que se vaya a realizar como de la cantidad de equipo que se posea. Según la estimación de algunos sonideros, mientras el promedio de trabajadores con los que un sonido cuenta es, aproximadamente, de siete, los sonidos "grandes" llegan a utilizar hasta 30, lo que implica también el que, para el caso de éstos últimos, las tareas y funciones estén un poco más especializadas. Un ejemplo: los sonidos grandes—que son una minoría—por lo regular cuentan con transporte propio—y algunos hasta con chofer-; los sonidos chicos, en cambio, muchas veces tienen que rentar algún vehículo para el traslado de su equipo y de su personal, que se ocupa principalmente de montar y desmontar bocinas y luces.

En su mayoría, los trabajadores de los sonidos reciben un pago por cada "tocada" a la que asisten y trabajan con el propietario del sonido sobre la base de un acuerdo de palabra. Los chocomiles no están obligados a asistir a todas las tocadas, el acuerdo es, al parecer, trabajar con el sonido lo más constantemente posible, sin que exista alguna obligación contractual al respecto. Es inevitable pensar en la precariedad de este tipo de trabajo y sorprenderse ante el hecho de que haya gente que no sólo se mantiene a sí misma a partir del mismo, sino que a partir de este trabajo afirme cubrir los gastos de su familia: "es un buen trabajo y no es pesado sino hay que acostumbrarse y… es más o menos pagado—bueno, para mí, que soy casado, yo pienso que es un buen sueldo lo que yo gano ahí" (Juan Antonio, el Zamora, 26 años, trabajador del sonido Máster).

Según uno de mis entrevistados:

> Vamos a decir, los secretarios o los chalanes son gente que nos pide trabajo y que les gusta este medio y les gusta el… porque ellos sí lo toman a veces como un relajo, un cotorreo, un *hobby* y pues a nosotros nos es útil esa mano de obra porque de qué nos sirve el equipo si no contamos con la mano de obra. Sería totalmente inútil. (Alfredo Juárez, 28 años, propietario del sonido Los Quick)

Según los chocos (como también se les llama), el suyo no es un trabajo pesado, pues además de ser ligero les ofrece la ventaja de divertirse mientras lo realizan. Incluso algunos afirman que están ligados a los sonidos más por el ambiente de los bailes que por la necesidad en sí misma de tener un trabajo y un ingreso. Existe, por lo demás, cierta identificación de los trabajadores para con el sonido: se expresan con cierto orgullo y los defienden ante los "chocos" de otros sonidos. En este sentido, en la ciudad, durante mi trabajo de campo, la principal rivalidad se daba entre los sonidos Fantasma y Máster, ya que "El más fuerte es el Fantasma y el que le pisa la sombra es el Máster", nos cuenta el dueño de Publicidades el Guapo. Esta identificación de los trabajadores con el sonido implica también el que se asuman los éxitos y los problemas del sonido como propios. Así, por ejemplo, muchos de los trabajadores del sonido Latino, que "tiene broncas" por la zona del cerro de Amalucan, afirman categóricos: "en Amalucan no nos quieren, ahí tenemos pedos". Quizás, una de las razones de esta fuerte identificación sea el vínculo estrecho que muchos sonidos mantienen con los barrios de origen de sus trabajadores y de sus "seguidores".

Como ya lo he dicho, las relaciones de trabajo entre el propietario del sonido y los chocomiles se establecen a partir de acuerdos de palabra que, en la mayor parte de los casos, se basan y la confianza y amistad que existe entre ambos. Así, por ejemplo, según algunos de los entrevistados, los propietarios de los sonidos saben del (y toleran el) riesgo de que en cualquier presentación sus trabajadores se emborrachen y no realicen el trabajo que les corresponde: "Yo soy más tirado a darle chance a un chavo que a lo mejor se pone briago y ya te deja tirada la chamba, pues no, o sea, yo lo hice iniciando en este ambiente" (Francisco Ramírez, 26 años, propietario del sonido Colombia).

El locutor ocupa un lugar importante entre los trabajadores sonideros. En efecto, si bien en muchos casos quien locutorea es el mismo dueño del sonido, en otros el locutor es también un trabajador. Se trata de un puesto de singular importancia, pues de él depende tanto la imagen pública del sonido como la interacción que éste mantiene, durante un baile, con los asistentes (como veremos más adelante). El locutor, según nos comenta uno de nuestros entrevistados, garantiza, con su voz engolada, con sus bromas, con su amabilidad, el carisma del sonido, por lo que a veces su sueldo es más alto que el de los demás trabajadores.

Publicistas

La figura del publicista apareció poco después del surgimiento de los sonidos. Lo que es más, los publicistas se desarrollaron gracias al afianzamiento del ambiente sonidero. Éste, en tanto que espacio de economía popular, alentó el desarrollo de distintas actividades comerciales vinculadas a sus propios requerimientos. Así, en la actualidad, los publicistas se ocupan de la elaboración y/o el comercio de diferentes artículos sonideros (como medallas con el emblema de algún sonido—o de cualquier banda o grupo de seguidores—chamarras bordadas, playeras estampadas, tarjetas de presentación, etc.).

Algunos sonidos están directamente ligados a los distintos puestos de publicidad sonidera de los mercados. Éste era el caso, durante la realización de mi trabajo de campo, de Publicidad Juárez, que era propiedad de los miembros de la dinastía del mismo nombre. Los dos puestos de publicidad de Publicidades Avelino estaban ligadas al sonido Latino, por lo que comerciaban principalmente con artículos relacionados con este sonido. Sin duda, este hecho debe ser comprendido en el marco del ímpetu de crecimiento comercial capitalista que es inherente a los sonidos y que hace de ellos una suerte de micro-industria cultural y popular.

La jornada de trabajo de los publicistas es particularmente pesada, sobre todo en el caso de los que trabajan dentro de los centros comerciales populares, pues éstos permanecen abiertos desde muy temprano hasta altas horas de la noche. El Chucky, nuestro principal informante en esta investigación, abría por lo regular su local a las ocho o nueve de la mañana. Su espacio de trabajo era tan pequeño (pues su patrón arrendaba una pequeña parte de un local más grande, de ropa) que apenas cabía él sentado tras un mostrador, con sus artículos de venta sobre una mesita y como fondo. Por lo regular, pasaba todo el día ahí, atendiendo a los clientes, escuchando la música que ponía a un alto volumen para atraerlos, recibiendo a sus amigos y visitando de vez en cuando a sus colegas de otros puestos para platicar o para comer. A veces, cuando disponía de alguien que le ayudara a cuidar el negocio por ratos (cosa que algunas veces yo hice), tomaba pausas de 15 o 20 minutos. Durante éstas, paseaba en el mercado o jugaba basquetbol en una cancha que se encontraba justo atrás del centro comercial. Cuando ya era de noche, encendía las pequeñas luces de neón del puesto. Algunos artículos brillaban al reflejar la iluminación de éstas últimas, lo que hacía resaltar el pequeño negocio. Al final de la jornada, a eso de las nueve o diez de la noche, aseguraba el negocio con cadenas y tablas y partía en un autobús a casa, traslado que le tomaba alrededor de una hora.

Aunque a veces el diseño y la elaboración de los artículos en venta corren por cuenta de artesanos que trabajan por encargo de los publicistas, también se da el caso de publicistas que por sí mismos elaboran ese tipo de bienes. Llama la atención la recurrente presencia que, en los diseños de esos artículos, tiene el estereotipo del "cholo"—que la mayoría de las veces es presentado graffiteando bardas. La explicación que los publicistas dan de ese hecho me parece plausible: los sonideros no recurren al cholo por casualidad, sino porque es la imagen juvenil que trajeron a las clases populares aquellos que han migrado a los Estados Unidos. Gracias a sus contactos con las comunidades de migrantes en ese país y a lo largo de la frontera, muchos sonideros han enriquecido los motivos y contenidos de sus creaciones. El carácter transnacional del movimiento sonidero concierne, de este modo, tanto sus condiciones económicas de existencia (financiamiento mediante remesas de los sonidos locales; apoyo en la compra de equipo más moderno) como las imágenes que moviliza.

Un bien de consumo particularmente importante para el comercio sonidero era, durante la realización de mi trabajo de campo, los casetes o CD's con las grabaciones de las tocadas sonideras. En efecto, dichas grabaciones representaban su principal venta y permitían a los publicistas llevar un registro relativamente amplio de las tocadas que se realizaban en el curso de meses o incluso años (de hecho, esos registros fueron una importante fuente de información para mi investigación). La gente solía comprar los casetes o CD's de los bailes a los que asistía para así volver a escuchar los saludos que, cuando así fue, les enviaron a través del sonido.

Ahora bien, los publicistas no sólo venden las grabaciones de las tocadas sonideras sino también casetes o CD's que contienen las canciones más populares dentro del medio. Esta actividad les origina muchos problemas, ya que—como uno de los publicistas entrevistas dice refiriéndose a la cuestión de la piratería: "todo esto es delito federal". "Es un trabajo en el que se puede cotorrear", pero en el que constantemente existe el riesgo de perder la mercancía con la que se comercia y el equipo de sonido que se posee: "Cuando te llegan a atorar se llevan todo"

> … nomás te dicen:
> —¿Qué? ¿De quién es?
> —No, no sé.
> —¿Qué? ¿Tú estás acá?
> —No, ps, yo nada más trabajo.
> —Ah, ps, arrímate.
> Te haces a un lado y se llevan todo. Esta última vez que vinieron traían orden de cateo. (Roberto Parra, "el chucky", 29 años, trabajador de Publicidades Avelino)

O en palabras de otro publicista:

> … piratería… piratería… es economía subterránea. Ps, porque tú le debes de sacar, el país no te da… no te aporta las condiciones que te debe dar para que tú desarrolles, no te da, no desarrollas. El país no te dice: "ten, órale, desarrolla, progresa", no, tú le tienes que buscar, tú tienes que allanarte el camino solito, nadie te va a decir 'así se hace, así no'… El riesgo de acá es la piratería, estamos en riesgo todos nosotros, todos los que vendemos casetes estamos… sean publicistas o no sean publicistas, vendan música "fresa" o vendan… todos estamos en riesgo de que… porque ha habido operativos acá, operativo federal… ¡que cuando te tuercen…! (Dueño de publicidades El Guapo)

Los puestos de publicidad sonidera están estrechamente relacionados con los mercados populares de la ciudad. En efecto, la mayoría de los puestos de publicidad sonidera están ubicados en mercados urbanos y en lugares en los que existe una amplia presencia de centros comerciales y de tianguis populares. Dos grandes zonas se distinguían en este sentido en los noventa: la que corresponde al mercado Hidalgo (Publicidades Avelino, Beto Producciones, Publicidad Juárez, Publicidades Avelino 2, Publicidades el Patrick) y la zona de comercio popular ubicada en las calles 9 y 11 norte, lugar en que se encuentra también el mercado Venustiano Carranza (El gordo Producciones y Discos El Papi). Roberto Parra (alias El Chuki, publicista encargado de Publicidades Avelino), explica este hecho del siguiente modo:

> Hay más puestos de casetes en los mercados porque es donde más se concentra la gente. Por ejemplo, los que trabajan en fábricas descansan entre semana, otros descansan el sábado, otros el domingo, o sea, todos los días son ventas, o sea, echándole ganas todos [los días] son ventas. Por ejemplo, del mercado este… toda la gente se concentra acá [en la zona del mercado Hidalgo]. [La gente dice]:
> —Hay, vamos al mercado.
> —¡Sobres!
> Pasa [por aquí] y…
> —Ay, mira, ps, ahí sí hay cumbias y sonidos; a ver, vamos a ver. Ah, ps, ¡mira! Tiene este de que fue a tocar apenas a la colonia; pues nos lo llevamos.
> Y así sucesivamente. (Roberto Parra, El Chucky, 29 años, trabajador de Publicidades Avelino)

De igual manera que muchos otros comerciantes vinculados a mercados populares, los publicistas sonideros, como ya lo he mencionado, forman parte de las organizaciones políticas que existen al interior de éstos, mismas que en su mayoría están afiliadas al PRI. Este era el caso, por ejemplo, de Publicidades El Guapo, que estaba ubicado en el centro comercial La Alameda. "El guapo"—este es el apodo del propietario del puesto—estaba integrado a la Triple A, que era una asociación de comerciantes ambulantes afiliada al PRI.

Promotores

Desde luego, la organización de los bailes puede ser llevada al cabo prácticamente por cualquier persona que tenga el interés en hacerlo. En este sentido, los bailes pueden ser organizados por los mismos sonidos o por gente interesada en realizar algún festejo público o privado. Sin embargo, existe también gente que se especializa en la organización de los bailes. Son ellos los que organizan, por lo regular, los grandes bailes públicos para obtener así algunos ingresos económicos. Según los sonideros entrevistados durante mi trabajo de campo, no había un promotor en especial que destacara dentro de la ciudad, pues en su mayoría eran algo así como micro-empresarios de medio tiempo. En ese sentido, existe la idea de que cualquiera puede ser promotor y se piensa que lo único que hace falta para ello es asumir el compromiso de organizar un baile, lo que implica conseguir una pista, contactar y contratar a los sonidos, obtener los permisos respectivos por parte de las autoridades locales y, en general, estar a la cabeza del desarrollo del mismo, esto es: responsabilizarse económicamente ante los sonidos, garantizar una buena difusión de la velada a todos los interesados y responder a la policía cuando algún altercado o incidente se presenta durante el baile.

Vendedores y reparadores de equipo

En cuanto a la compra e intercambio de equipo, los sonideros recurren tanto al servicio de gente especializada en este tipo de tecnologías (ya sea en Puebla o en la ciudad de México) como a estrategias de servicio mutuo e intercambio que entre ellos existen. Aunque en menor medida, la compra de equipo y de material musical a través de viajes al extranjero (hacia los Estados Unidos, en el primer caso o hacia América del Sur, en el segundo) representa también un canal de acceso a insumos y bienes para los sonidos. Pero, en general, los sonideros poblanos se prestan o rentan equipo entre ellos. Algunos se especializan en la reparación del mismo: ese era el caso del sonido Arce3, que contaba con un taller de reparación de bocinas en el centro de la ciudad. En este sentido, algunos sonideros consideran que lo que ayuda mucho al desarrollo de un sonido es el entablar contacto y desarrollar amistad con los dueños de distintos sonidos, para así poder gozar de favores mutuos.

> Siempre es más… acercarse a un sonido que ya tiene experiencia, más experiencia… un poco más de experiencia. Ya les vas preguntando: "Oye, qué compro, mira, quiero esto, ¿cómo ves?" Ya te van diciendo ellos marcas. Como yo nunca fui propietario, o sea, apenas hace cuatro años que soy propietario, ps, no sabes bien de marcas todavía, cuáles aparatos son buenos. Entonces se puede decir que compramos, pero ps, en varios lados, en varios lados. (Francisco Ramírez, 26 años, propietario del sonido Colombia)

La lógica de la competencia empresarial coexiste entonces con relaciones de tipo más cooperativo y solidario, con una especie de lógica del don, tal y como ésta era entendida por Marcel Mauss.

El público sonidero

Los asistentes a los bailes son jóvenes de ambos sexos cuya edad promedio se ubica alrededor de los 20 años. Por lo regular, se trata de personas que, a pesar de su corta edad, cuentan ya con una trayectoria laboral que los ha visto ser obreros, ayudantes en talleres de distinto tipo o empleados de puestos comerciales. Provenientes de diferentes tipos de colonias urbanas—unidades habitacionales, fraccionamientos populares, barrios del centro de la ciudad, etc.—la mayoría de los miembros del público sonidero viven en la soltería y han abandonado la educación formal.

La información específica que sobre los asistentes a dos bailes sonideros nos proporcionan las encuestas realizadas durante nuestro trabajo de campo es la siguiente[1]:

Durante un baile sonidero realizado dentro del festejo a Nuestra Señora de El Carmen en el barrio del mismo nombre, el promedio de edad de los asistentes era de 19 años (19 en el caso de los hombres y 20 en el caso de las mujeres). Mostrando una diferencia leve, pero importante, el otro baile estudiado, efectuado en el salón Jorge Murad con motivo de un "mano a mano" sonidero (algo así como un duelo sonidero, ocurrido esta vez entre los sonidos Fantasma y La Conga) reunió a jóvenes de un promedio de edad de 18 años (para hombres y mujeres). La diferencia existente entre los promedios de edad de ambos festejos sonideros se explica por el hecho de que, mientras el baile de El Carmen tuvo lugar en el contexto de un festejo barrial que implicaba la participación de familias enteras—lo que supone la presencia de diversos grupos de edad-, el "mano a mano" realizado en el salón Jorge Murad concentró un grupo social más homogéneo debido a que se trató de un baile realizado como una oferta cultural en sí mismo—es decir, desligado de cualquier otro hecho o evento que estimulara la presencia en ese lugar de gente ajena a los sonidos. En general, en los bailes sonideros es mayor la presencia de hombres (64% en la celebración de El Carmen y 73% en el Salón Jorge Murad) que de mujeres (36% y 27% respectivamente). En cuanto a la ocupación de quienes asisten a los bailes, la información de nuestras encuestas es la siguiente:

Entre los asistentes al baile de El Carmen, el 73% trabajaba, el 5.8% trabajaba y estudiaba y el 21.2% estudiaba. La ocupación de quienes dijeron trabajar era:

Tabla 1. Ocupación y género de los asistentes al baile de El Carmen.

Genero	Ocupación	Porcentaje
Hombres	Labores del hogar	4%
	Comerciantes	4%
	Empleados	35%
	Obreros	13%
	Trabajadores de oficio (electricistas, mecánicos, carpinteros, albañiles, tahoneros, etc.)	43%
Mujeres	Labores del hogar	21%
	Comerciantes	7%
	Empleadas	57%
	Obreras	14%
	Profesionales	7%

---

1   La siguiente información sobre los asistentes a los bailes ha sido extraída, principalmente, de dos de las cuatro encuestas aplicadas dentro de nuestro trabajo de campo a finales de los noventas. Las dos encuestas restantes—a las que me referiré más tarde- fueron realizadas en bailes animados por grupos musicales, en salones de baile.

Entre quienes estuvieron presentes en el encuentro entre El Fantasma y La Conga, el 14.7% estudiaba y el 85.3% trabajaba. La ocupación de quienes dijeron trabajar era la siguiente:

Tabla 2. Ocupación y género de los asistentes al baile del salón Jorge Murad.

Genero	Ocupación	Porcentaje
Hombres	Comerciantes	12%
	Empleados	19%
	Obreros	37%
	Trabajadores de oficio (electricistas, mecánicos, carpinteros, albañiles, tahoneros, etc.)	31 %
Mujeres	Labores del hogar	18%
	Comerciantes	27%
	Empleadas	36%
	Obreras	9%
	Trabajadoras de oficio	9%

Como ya lo he comentado—y como se puede ver en las tablas presentadas—la mayoría de los asistentes a los bailes eran muchachos que habían abandonado la educación formal y que estaban ya incorporados, pese a su joven edad, a diferentes actividades laborales. Las mujeres, además de ocuparse de quehaceres domésticos, trabajaban fundamentalmente como empleadas en distintos tipos de negocios o se hacían cargo de distintos puestos de comercio, que eran casi siempre de propiedad familiar. Los hombres, por su parte, laboraban principalmente en distintos trabajos de oficio (electricistas, albañiles, tahoneros, plomeros, mecánicos, etc.), vendían su fuerza de trabajo como obreros o eran empleados en negocios de diversa índole.

Con respecto al nivel escolar que caracteriza a los sonideros, en el baile de El Carmen el 21% afirmó contar con la primaria terminada, el 29% con la secundaria, el 29% con la preparatoria, el 8% con estudios de nivel técnico y el 11% con estudios de nivel profesional. En cuanto a los asistentes al "mano a mano" sonidero, el 2% dijo no contar con ningún tipo de estudios, el 17% aseveró haber terminado la primaria, el 52% la secundaria y el 33% la preparatoria. En la celebración de El Carmen, recuérdese, se presentó gente de características sociales diversas por la propia naturaleza del festejo—más familiar, abierto y barrial—y por la misma diversidad de grupos y de clases sociales que ahí habitan. Esto es, El Carmen es un barrio heterogéneo: para algunos de sus habitantes y vecinos, es un barrio popular, para otros, una colonia clasemediera, y para otros, incluso, un céntrico barrio para la gente de clase alta. De ahí que en el baile celebrado en ese lugar se observe mayor variedad en cuanto al nivel escolar de los encuestados, y de ahí también que en el

Salón Jorge Murad se advierta cierta uniformidad en cuanto a la escolaridad de los asistentes, que, en su mayoría, han estudiado únicamente hasta lo que en México es el nivel educativo medio básico (9 años de escolaridad).

Aunque algunos sonideros afirman que a los bailes va gente "tanto sencilla como de dinero" ("chavos banda, chavas, chemos [adictos a drogas inhaladas], fresas… ¡de todo!, aquí de todo cae"), lo cierto es que las diferencias económicas y culturales entre quienes asisten a los bailes no implican la participación de grupos radicalmente diferentes. Esto porque además de que, en términos, por ejemplo, económicos, dichas diferencias son relativamente mínimas (o no implican, a fin de cuentas, posiciones radicalmente diferentes con respecto al espectro de desigualdades económicas y sociales que existen en la ciudad), es evidente la existencia de cierta identificación cultural entre los asistentes. Identificación que se manifiesta, principalmente, en la convergencia de gustos musicales y en la capacidad de crear y disfrutar un mismo ambiente (el "cotorreo", el "desmadre"). A los bailes sonideros van sólo jóvenes de clase popular ("la juventud es sonidera") y de esa identidad cultural están conscientes quienes afirman que ahí casi nunca llegan "fresas" porque para éstos la cumbia es "música de nacos". Al respecto, uno de los entrevistados comenta:

> A veces algunos chavos piensan que ir a los bailes de sonidos es lo más naco y lo más bajo, ¿no?, pero, ps, a veces no porque uno se va a divertir y busca uno una forma de divertirse… y no a todos les agrada, casi, la misma forma de divertirse de otros. Si alguno oye esto yo lo invitaría a que fuera a un baile y a ver si se divierte, y si se divierte qué bueno… espero que lo siga haciendo para que no se aburra. (Alberto de Lázaro, "el cocos", 17 años, seguidor del sonido Fantasma)

Según las palabras de mis entrevistados, los sonideros son gente de "ambiente", "calmada", que sólo quiere bailar y divertirse. Muchos precisan que a los bailes asiste "mucha banda" y—con un tono más bien de desaprobación—que nunca faltan los pleitos ("baile sonidero sin bronca no es baile"). A las tocadas, entonces, va gente "popular":

> La mayoría de los que son sonideros, de los que van a bailes sonideros, te diré que un 50% de los que van, pues no chambean, y el otro 50% ps chambean, pero son obreros, o sea, popular, la gente popular: obreros, comerciantes, incluso chavos que limpian parabrisas, todo eso y… ps, más acomodado a su bolsillo y, ps, les gusta el ambiente más que nada. (Francisco Ramírez, 26 años, propietario del sonido Colombia)

Si bien no existe una indumentaria que caracterice de manera precisa y exclusiva a los sonideros, si es posible percibir entre ellos unas cuantas pautas de vestimenta y arreglo personal. Durante mi investigación algunos hombres y mujeres acostumbraban vestir al estilo "cholo", esto es, utilizando pantalones holgados y camisas o sudaderas anchas, misma que muchas veces muestran estampados diferentes textos e imágenes. Otros estaban habituados a utilizar pantalones y playeras (blusas, en el caso de las mujeres) ajustados y, en la época, con franjas a los costados. En cuanto al arreglo del cabello se puede afirmar que el corte "de hongo" (que consiste en dejar largo el cabello de la parte superior de la cabeza rasurándose el cabello que crece en la parte de la nuca y las sienes) gustaba mucho a los jóvenes sonideros y que la coloración y decoloración (con agua oxigenada) de mechones de cabello tenía mucha aceptación entre los sonideros de ambos sexos.

Podría afirmarse, por otra parte, que la gente inmersa en el medio sonidero se concibe a sí misma de un modo un tanto "conservador". Esto debido a que ellos mismos dicen, por ejemplo, que a diferencia de la gente a la que le gusta el rock, los sonideros "no son agresivos" y no están interesados en "liberarse"—como, suponen, les interesa a los rockeros—sino sólo en divertirse. Lo que un sonidero busca es "el ambiente", la "sana diversión". En este mismo sentido, los sonideros rara vez hablan de asuntos de política o de gobierno. La única vez que se discutió un tema parecido durante mi trabajo de campo fue cuando yo lo introduje. Pregunté a uno de los publicistas qué pensaba de los zapatistas de Chiapas. Su respuesta fue lacónica: "pues está bien, ¿no? Si no hay de otra vámonos a los madrazos", pero nada más. Uno de los presentes contradijo de inmediato al primero y, palabras más, palabras menos, dijo que no estaba de acuerdo, que la violencia no era aceptable, que "estaba mal". Hasta ahí llegó la conversación, de inmediato dejaron el tema de lado y volvieron a platicar sobre la vida cotidiana del mercado.

Esta falta de interés en los movimientos sociales así como la casi ausencia de acciones y discursos deliberadamente transgresores podrían explicar el hecho de que, dentro de la academia mexicana, se considere a menudo el consumo de la cumbia—y de la música tropical en general—como ajeno a toda forma de acción cultural contestataria o de resistencia. En esta lógica, los investigadores han casi siempre excluido el consumo de la música tropical de las obras que dan seguimiento a las culturas juveniles (véase Urteaga, 2004) y a las contraculturas mexicanas (por ejemplo, Agustín 1996). Pese a ello, no es del todo acertado etiquetar como un grupo "conservador" a los sonideros, pues aunque gran parte del medio está saturado de los clichés y estereotipos propios a la mercadotecnia capitalista y no existe una actitud contestataria (parecida, por ejemplo, a la que se observa en algunas "tocadas" de rock), dentro del medio sonidero se dan comportamientos que en gran medida se adelantan en mucho a la moral que tradicionalmente se le asigna a la sociedad poblana (comúnmente considerada como "católica y conservadora").

Un buen ejemplo de esto es la tolerancia que existe hacia la homosexualidad: homosexuales y heterosexuales conviven sin problema, bailan, bromean. Se dice, por ejemplo, que los homosexuales son los mejores bailando, lo que hace que incluso se les busque y se les prefiera para bailar. Aunque, ciertamente, este modo de

conceptuar la homosexualidad sigue siendo, a fin de cuentas, una forma de etique-
tación, el hecho de que ésta última no esté asociada a una actitud excluyente hace
de ella una manera más bien armoniosa de construir las relaciones entre grupos
con diferentes preferencias sexuales. Pienso en la relevancia de este hecho consi-
derando, por ejemplo, que en el caso de otros espacios de diversión la gente con
preferencias de tipo homosexual es excluida y se ve obligada a construir su lugar
aparte (lo que es evidente, me parece, en el caso de las discotecas poblanas, pues
existen las que son para un consumidor homosexual y las que no). Es a partir de
consideraciones similares, que Rubén López Cano escribe a propósito del lugar de
la homosexualidad en los bailes sonideros: "No es casual que un instrumento de
vehiculación de los discursos dominantes, incluyendo los heteronormativos, como
el baile de música tropical, se vea sacudido por una comunidad que 'violenta' los
códigos morales de las 'buenas consciencias' homófobas, intolerantes e hipócritas"
(López Cano, 2008: 8).

En contraste con la gente que asiste a los bailes animados por un grupo o banda
musical, los sonideros afirman que prefieren su propio medio porque ahí se junta la
juventud, mientras que en los bailes en los que tocan grupos los que asisten son, en
su mayoría, adultos. En efecto, existen diferencias significativas entre el consumo de
la cumbia dentro del medio sonidero y su consumo al interior de salones en los que
se presentan grupos musicales. Compárese la siguiente información con la que previamente he dado a conocer sobre el perfil sociodemográfico de los sonideros. Según
se desprende de la encuesta que ahí aplicamos, en el salón "Portos Zaragoza"—que
presentaba, en aquellos años, distintos grupos musicales cada semana—el promedio
de edad general de quienes ahí se reunían para bailar era de 25 años, 27 para el caso
de las mujeres y 23 para el caso de los hombres. El 64% de quienes ahí se divertían
eran mujeres y el 36%, hombres. El 77% de los asistentes trabajaba, el 6% estudiaba y trabajaba y el 17% únicamente estudiaba. Las principales ocupaciones de los
hombres que ahí se reunían eran las siguientes: 40% empleados, 30% comerciantes,
10% técnicos especializados y 10% artesanos. En el caso de las mujeres, 47% eran
empleadas, 13% técnicos especializados, 13% "amas de casa", 13% eran comerciantes
y 13% trabajadoras de oficio. Se trata, en pocas palabras, de un público distinto al
sonidero tanto en lo que se refiere a los grupos de edad que lo conforman (de mayor
edad con respecto al medio sonidero, aunque también joven, desde luego) como en
lo que atañe a su composición de género y ocupacional (mayor presencia de mujeres
y relativa ausencia de obreros y de trabajadores de oficio).

Los seguidores

A los bailes de sonidos asiste gente que mantiene una relación muy especial
con los mismos, se trata de los "seguidores". Éstos se diferencian del asistente

ocasional por el hecho de que mantienen una relación de amistad y lealtad con los sonidos. Los seguidores apoyan al sonido para "alzarlo", "para que no lo vean menos". Ser seguidor de un sonido significa llegar a la tocada y ser recibido por los saludos del locutor. Significa también permanecer "cotorreando" junto a la cabina del sonido, donde están presentes los demás seguidores. A veces éstos portan playeras o chamarras en las que está estampado o bordado no sólo el nombre del sonido sino también el propio, o el del grupo al que se pertenece. Así, una playera que el sonido Latino regaló a sus seguidores en la ocasión de su décimo aniversario incluía, en serigrafía, su emblema conmemorativo y los nombres de sus más fieles seguidores. Otra playera, elaborada tiempo después, incluía impresos los nombres de los seguidores que el mismo sonido y Publicidades Avelino tienen dentro de la ciudad (dicho sea de paso, en una playera se me mencionaba como seguidor y "reportero del Latino", rol éste último que se me atribuyó generosamente, pese a mis reiteradas aclaraciones). Aquí otro ejemplo de este tipo de textos estampados:

> Los borrachitos de Colombres, Picapiedras Miguel Hidalgo, 4 Chiflados Guadalupe Hidalgo, Salseros Pedotes, G. H. Balin Jimis Forever, San Francisco Mayorazgo, Primas Veneno San Francisco Mayorazgo, Chino 3 Cruces, Banda Tecatona, San Hipólito, La pequeña Miguel Hidalgo, Caribeños, Morros de Bosque (pelos), Peques de Bosques de San Sebastián, Peques de la Ciénaga, Niños de Cristal M. H., Mounster (Chachapa), Desconocidos Plus Xonaca, El papas, Canibal M. H., Banda Next Chachapa, etc.

Los seguidores, entonces:

> Son chavos que van muy seguido a las tocadas. Se puede decir que cada ocho días, ¡[van] de harina y huevo, de harina y huevo! Son seguidores, y, ps, ya, o sea, haz de cuenta, si yo hago un sonido, pues les digo a los chavos: '¿Sabes qué? Voy a tocar en tal lado'. Si van y les gusta como toco van a volver a ir. Y ya… se te hacen tus seguidores. Más que nada porque los complaces, si te piden algo se los pones [de modo que ellos piensan]: 'no, ps, ése es bueno, es buena onda' y toda la onda. (Roberto Parra, El Chucky, 29 años, empleado de un publicista y seguidor del sonido Latino)

Los seguidores disfrutan cuando, al llegar a una tocada son identificados por los dueños del sonido, por el locutor y por los presentes. Los saludos y el trato son eufóricos: se toma, se baila, se bromea… Muchas veces los seguidores esperan hasta que acabe el baile para irse en el transporte del sonido. A veces colaboran con éste, aunque nunca se asumen ni se presentan como sus trabajadores. Al llegar pagan su boleto (desde luego, casi siempre consiguen un precio especial) y se retiran del lugar cuando quieren. Entre de los seguidores la presencia femenina es bastante perceptible, no siendo así, por ejemplo, entre los propietarios, los trabajadores o los publicistas. En este sentido, aunque el medio sonidero es, en apariencia, predominantemente masculino—pues, aunque las mujeres igual trabajen, siempre se hace referencia al dueño y no a la dueña del equipo, o al publicista y no a la esposa del publicista—no debe pensarse que las mujeres participan en el mismo sólo como espectadoras, pues al ser los sonidos y puestos de publicidad microempresas que requieren en gran medida de la participación familiar, difícilmente pueden prescindir del trabajo de las mujeres, el cual, más bien, permanece oculto durante la promoción pública de los sonidos... que por lo regular anuncia: "César Juárez y su sonido Fantasma", "Sonido Máster de Armando Cuautle", "Sonido Latino de Gilberto Córdoba"... El medio sonidero, en tanto medio de trabajo, no es en ese sentido un espacio exclusivamente masculino.

Anotemos, finalmente, que lo que principalmente atrae a los bailes a la gente de gusto sonidero—tanto a los seguidores como al asistente común—es el exceso tanto en las luces como en el audio ("chingo de luces, chingo de bocinas"), pues les gusta "salir casi sordos del baile" (César Sánchez, "el fresa", 20 años, trabajador del sonido Latino). Aunque ello no significa que no distingan entre el puro ruido y el bueno sonido:

> Mira, para tener un equipo de sonido tienes que saberlo conectar. Tú podrás tener muchísimo equipo, pero si no lo sabes conectar no te vas a oír o te vas a oír mal. Bueno, yo pienso que en tu caso también ha pasado, a lo mejor luego vas a una fiesta y oyes ruidero y '¡ay!', ¿no? '¡Pues ese chavo qué transa! ¿No? Ps, se oye horrible, cabrón'. ¿Cuándo lo vuelves a contratar? Las 300 personas que están en la fiesta jamás lo vuelven a contratar [pues], cabrón, pinche escandalazo, ¿no? Si, en cambio, vas a una fiesta y oyes un sonido que se oye bien, toca bien, todo eso [pues le dices]: 'Oye, qué onda, dame una tarjetita', ¿no? (Francisco Ramírez, 26 años, propietario del sonido Colombia)

Los bailes

Esta última sección aborda la cuestión de los bailes. Como veremos, éstos representan un momento clave en la reproducción del medio sonidero, pues en ellos se anudan sus diferentes elementos económicos, políticos y culturales. En este sentido, veremos que los bailes son la razón de ser del medio sonidero no sólo en la medida en que representan su momento económico más importante, sino también porque integran a esta dimensión los diferentes elementos identitarios de generación, de clase, de género y de barrio que son propios a los fanáticos sonideros. En las páginas siguientes nos detenernos en lo relativo a la organización y el ambiente de los bailes para después terminar nuestra etnografía con algunas notas a propósito de la música que en ellos se consume.

Los preparativos

La organización de los bailes requiere, desde luego, de un responsable. Éste—como ya lo hemos visto—puede ser una persona que se "especialice" en la realización de este tipo de actividades o cualquier persona que posea un mínimo conocimiento del medio y que tenga los recursos necesarios para costear su realización. En términos generales, como ya lo he mencionado, podemos decir que existen dos tipos de bailes: los que se realizan con el objetivo de hacer negocio a través del cobro de la entrada a los mismos y los que son ofrecidos gratuitamente a los asistentes a causa de la celebración de algún acontecimiento público o privado. Según la mayoría de los informantes, en la ciudad de Puebla, un 50% de los bailes son organizados con fines de lucro y el otro 50% son el caso contrario. Recordemos que aunque para los sonidos los bailes tienen casi siempre una finalidad lucrativa, no siempre es así para los organizadores de los bailes, que pueden contratar un sonido para ofrecerlo gratuitamente a la gente.

Los bailes que son organizados con objetivo de lucro pueden ser clasificados en dos tipos según la forma en que se realice el arreglo entre el organizador y los sonidos. Por una parte, puede ser que entre ambos se dé el acuerdo de repartir por porcentajes los ingresos que el baile genere, por otra, puede ser también que al sonido se le pague sobre la base de un contrato previamente establecido y que el organizador se ocupe de ese gasto muy independientemente de la ganancia que obtenga gracias al baile. Para que los bailes organizados con fines de lucro tengan éxito es necesaria la puesta en marcha de distintas estrategias publicitarias. En este sentido, los medios publicitarios más utilizados son el cartel y la pinta de bardas. Los carteles son colocados abundantemente en diferentes lugares públicos (zonas de comercio popular y de intenso tránsito urbano, como en el caso de los alrededores de la CAPU), y las pintas a menudo son realizadas a los costados de las principales avenidas de la ciudad. Aunque se llega a dar también la utilización de la radio, ello ocurre más bien de manera ocasional. La difusión de tipo *bouche-oreil*, "pasando la voz" entre amigos, es también de una importancia particular. Mención especial merece en este sentido la "Fantasmaseñal", un enorme haz de luz que el sonido Fantasma acostumbraba proyectar en el cielo para anunciar su presentación en la ciudad durante los bailes. Los amantes de este sonido sabían, de este modo, de su presencia y de la fiesta en desarrollo.

En el baile de El Carmen en el que aplicamos nuestra encuesta, por ejemplo, 33% dijo haberse enterado de ese evento por medio de amigos, 21% por medio de carteles y el 19% afirmó que de por sí ya sabía de la organización anual del baile, el 10% dijo haberse enterado gracias a la radio y el 16% por medios diversos. En el caso del baile del Salón Jorge Murad, el 65% se enteró del baile por medio de carteles, 15% por medio de la radio, 15% gracias a amigos y el 5% por medios diversos. A mi parecer, la utilización de bardas pintadas es más común en el caso de los bailes que se organizan fuera de la ciudad, en los pueblitos de los alrededores.

Organizar un baile requiere, además, de la localización de un espacio para la realización del mismo y de la obtención de un permiso por parte de las autoridades. Las "pistas de baile" pueden ser, como ya lo dije, desde grandes recintos cerrados y/o salones sociales hasta calles o cualquier otra clase de sitio urbano capaz de aportar el espacio necesario. Durante el periodo de gobierno del alcalde conservador panista Gabriel Hinojosa Rivero (1996–1999) la realización callejera de eventos sonideros enfrentó severas restricciones. El argumento de la autoridad giraba en torno a la necesidad de evitar la violencia que frecuentemente acompaña a los bailes sonideros. De manera que durante esta etapa el gobierno municipal no concedió ningún permiso para la realización de bailes al aire libre, hecho que al parecer no impidió en gran medida la realización de los mismos, ya que como el encargado mismo del departamento de espectáculos del ayuntamiento me comentó: "la ciudad es demasiado grande y la autoridad no puede vigilarla toda". A este respecto, algunos sonideros me comentaron (cosa que me parece plausible) que pese a la negativa de las autoridades siempre ha sido posible negociar con ellas la realización de los bailes "por debajo del agua". La administración municipal siguiente, la del priista Mario Marín (quien años después se convertiría en el gobernador del Estado) flexibilizó su postura al respecto y comenzó a otorgar permisos para la realización de los bailes. Sin duda, la participación de algunos sonideros en la estructura clientelar que existe en torno a su partido debió ser una de las razones de ese cambio.

Volviendo a nuestra tipología, digamos que los bailes "gratuitos" se realizan en el marco de distintos tipos de festejos, que, como ya lo he dicho, pueden ser privados (por ejemplo, fiestas familiares como bautizos o quinceaños) o públicos (como la celebración de fiestas urbanas barriales o el festejo del aniversarios de distintas bandas de jóvenes, como hemos visto). En este sentido, un indicador de la presencia y fuerza cultural de los sonidos en la ciudad es el hecho de que en los últimos años se acostumbre, entre las clases populares, solicitar la participación de un "padrino de sonido" en bodas, bautizos, fiestas de quinceaños, etc. También ocurre frecuentemente que muchos de los bailes gratuitos sean organizados por sonidos pequeños que de este modo buscan darse a conocer y atraer seguidores.

El éxito de los bailes con fines de lucro depende tanto de la realización de una buena campaña publicitaria como de la oferta que dichos bailes plantean en sí, esto es, de los sonidos que se van a presentar y del costo de entrada. Con respecto al primer punto, en el medio sonidero existen sonidos que ya tienen fama y que "jalan gente en cualquier parte" (como el sonido Fantasma), por lo que por sí solos son garantía de una buena entrada. Así, si se quiere que el baile propio "no truene", que no sea un fiasco, hay que organizarlo teniendo el cuidado de que el día escogido no coincida con el elegido por el organizador de otro baile en el que se presenten mejores sonidos. Por otra parte, si de algo están conscientes los sonideros es del hecho de que una de las principales causas de su éxito entre las clases populares es su bajo costo. Uno de los entrevistados lo dice de este modo: "es lo que jala también, lo comercial. Para que me entiendas: lo que está más [barato]. Haz de cuenta de un chicle de a 50 centavos a un *halls* de dos pesos, ¡pues te vas por el chicle, así de fácil! (Juan Cruz, "Miyagui", 18 años, dueño de Publicidades Dragón). En este sentido, cuando los sonideros comparan su oferta con la de los grupos musicales destacan en todo momento el mayor costo de éstos y su imposibilidad de tocar las canciones tal y como se oyen en los discos (lo que, desde luego, sí pueden hacer los sonidos).

Los sonidos son, a decir de uno de mis entrevistados, "la disco del pobre". Este modo de concebir el medio sonidero muestra, por una parte, cómo las clases populares aceptan como punto de referencia para la calificación de sus prácticas de consumo cultural las prácticas de las clases medias y altas. O, mejor dicho, muestra que las clases populares tienden a identificarse con el punto de vista desde el que el poder económico, político y cultural las observa—lo que en términos lacanianos es conocido como la identificación simbólica (Žižek, 1989: 116). "La disco del pobre", sin embargo, no es una mala copia de la "disco del rico", pues, pese a las similitudes existentes, su carga social y cultural rebasa la lógica de la imitación: el medio sonidero es la expresión revitalizada de una cultura popular formada en torno al consumo de la música tropical en México. El medio sonidero es el producto de la utilización culturalmente específica y distintiva que las clases populares hacen de las tecnologías de música e iluminación que el capitalismo ha engendrado en el ámbito del consumo cultural. Es en este sentido que podemos decir que el "éxito" cultural del capitalismo, lo que garantiza su reproducción hegemónica en el contexto del caos neoliberal, es el hecho de poder adaptarse como forma y ritmo a la producción y reproducción de diferentes bienes, prácticas culturales, mismas que implican contenidos a veces contrapuestos e incompatibles. Así actúa el capitalismo en el ámbito de la cultura y de la hegemonía, como una forma o, si se prefiere, como una lógica que se inocula sin cesar en la construcción de contenidos diversos. Si dicha forma puede o no ser modificada por la práctica es sin duda una pregunta abierta.

El ambiente de los bailes

Cuando llega el día de algún baile los sonidos que ahí se va a presentar llegan horas antes para instalar su equipo y preparar la pista. Cuando el acceso se cobra y la tocada se realiza al aire libre, los organizadores delimitan la pista cerrando las calles con las camionetas en las que transportan su equipo o con cualquier otro obstáculo.

Todo ornamento es proporcionado por el sonido y fuera de lo que éste ofrece no hay nada más en el lugar. Los sonidos instalan su equipo de luz y audio y a veces colocan mantas con su emblema dibujado. Dado que por lo regular los bailes son nocturnos, cuando la gente llega por la tarde ya es posible apreciar algunas pruebas del espectáculo de luces que el sonido ofrecerá durante la tocada. En ese momento, la música y las pruebas de sonido de las grandes bocinas ya se escuchan en algunas cuadras a la redonda.

Los asistentes se presentan poco a poco y quienes se conocen se saludan desde el momento en el que llegan. La bienvenida por lo regular es un grito (que en parte se debe a la necesidad de hablar fuerte ante el volumen de la música que toca el sonido y en parte a la existencia de un trato muy efusivo y amable) como "¡Qué onda, varil!" o "¡Qué onda, ése!". La mímica no es menos llamativa y, frecuentemente, el choque de las manos es sonoro y los ademanes bastante notorios y expresivos. Algunos de los asistentes utilizan saludos especiales, como, por ejemplo, saludarse sólo rozando las palmas de las manos para chocarlas inmediatamente después con los puños: "Así se saluda la banda". Por lo regular, cuando los recién llegados son seguidores y se presentan una vez que ya ha empezado el baile, el locutor del sonido los recibe enviándoles saludos. Es este hecho, precisamente, lo que más aviva el apego de los seguidores: el ser identificado al momento de llegar y el que se les salude desde el micrófono, pues de ese modo todos saben de su presencia y ésta queda registrada en los casetes o CD's que después se comercializarán con la grabación de la tocada.

> Ps, [la grabación] es el recuerdo, es un… es tu saludo, es un recuerdo de la tocada a la que fuiste, a lo mejor te encontraste una chava y se te hizo, pues es un recuerdo a veces por saludos, a veces [uno lo compra] porque viene una rola que me gusta, a veces porque se lo voy a regalar a una chava, a veces porque se lo voy a dar a mi her… Son muchas causas porque te compran el caset: porque yo fui, si no voy, no te lo compro, pero como yo fui, pues "dame el del Fantasma que…" Eso es todo. (Dueño de Publicidades el Guapo)

Por lo regular los asistentes forman grupos en torno a la pista y sólo hasta que el baile comienza empiezan a bailar en ella. El inicio del baile es anunciado por la activación de las luces y por el "locutoreo", que a veces indica: "¡Iniciamos la grabación!". Entonces muchos de los asistentes se amontonan en torno a la cabina donde el locutor se encuentra para entregar sus saludos escritos. Leídos por el locutor al mismo tiempo que la música suena, éstos, como lo subraya Domínguez Ruiz (s/f), poseen un ritmo que, aunque parecido al de la métrica poética, es más bien irregular. Gracias a dicho ritmo y a las reverberaciones y ecos añadidos por el sonido, los saludos pronunciados por el locutor superponen una segunda melodía "vocal" sobre la música que se escucha (Domínguez Ruiz, s/f). Sobre el modo como los saludos y el locutoreo opacan a veces la música misma durante los bailes, Cathy Ragland escribe con agudeza: "it is the participatory performance that is the most important feature of the sonidero baile. As Turino notes, the 'primary attention is on the activity, on the doing and on the other participants, rather than on an en product' of a single performance" (Ragland, 2013: 128). La siguiente es la transcripción fidedigna de algunos de los saludos que pude recoger del piso al final del baile celebrado con motivo del aniversario del sonido "Latino" el 14 de febrero de 1999, en el salón Tauro. Algunos saludos retoman imágenes o personajes de la cultura mediática y las combinan con los nombres de las bandas locales:

ESCRIBI EN UNA HOJA
CON UN LAPICERO JESSI
COMO TE QUIERO EL
CHOLI Y SUS GASPER
LOCOS
NO ES DON GATO NI SU
PANDILLA SON GASPERS LOCOS
Y LOCOS FOREVER LA
MEJOR DINASTIA ZAMORA
PANTERA CHUKY GATO

La mención de los apodos, de los nombres de las bandas o del lugar de origen de los asistentes es una constante:

CUAL SUFRIR CUAL
LLORAR COPETES DE CALERAS
NUNCA DESAPARESERAN
COBRA, CHANGO, CHAMORRO
VAVAS EVELIA MARI
VIVIANA Y EL VISCO
100%
LATINO
EL CABALLERO DE
LOS SONIDOS
COPETES CALERAS

El consumo de alcohol ("alpiste"), de droga (marihuana) o la inhalación de pegamento industrial ("chemo"), actividades que son parte integrante del ambiente de los bailes, son también mencionados en los saludos (aunque, ciertamente, sólo una minoría se entregue a esas prácticas):

CHEMO DROGA
Y ALPISTE
LATINO NOS VAMOS
PERO NO TRISTES
YIMIS FOREVER
NO TE DECIMOS ADIOS
SINO ASTA LUEGO
PASATELA BIEN-BALIN
TALIN-MOROCO-KIN

El siguiente es el saludo de una seguidora, que no duda en dejar clara, con la grandilocuencia que es recurrente entre los sonideros, su total adhesión al sonido Latino:

FELISIDADES A TODOS
LOS DEL LATINO DE
LA KINKONA
100% LATINA DE
CORAZA A HUEVO

El intercambio de mensajes es continuo. El sonido funciona la mayor parte del tiempo como simple medio para su transmisión, otras como fuente de los mismos, cuando el locutor reconoce y saluda a sus seguidores. En todo caso, el saludo al micrófono busca no sólo hacer conocida la presencia de x banda o de cualquier grupo de seguidores, sino, principalmente, *fijar* la presencia de los asistentes mediante la grabación en audio del mismo. Cathy Ragland (2013: 120) comenta que, en el caso de los bailes realizados en colaboración con inmigrantes poblanos en los Estados Unidos, estas grabaciones circulan por ambos lados de la frontera, lo que genera una especie de "esfera pública diaspórica". La costumbre de registrar en audio (y ahora en video gracias a los teléfonos celulares con cámara y a sitios de Internet como YouTube) los bailes tiene también una importante dimensión mnémotética, pues puede ser vista como basada en el interés de crear un registro de la historia urbana alternativa y popular de la que el medio sonidero es parte. Aunque este tipo de interés no aparezca de modo explícito en los testimonios recogidos en nuestra etnografía, esta lectura "histórica" no parece del todo desacertada. En todo caso, el registro y la escucha de los bailes y de los saludos así grabados permite a los sonideros participar en la construcción del sentido que el historiador y el tiempo asignarán más tarde a su práctica. Les da un *apperçu* de lo que su práctica habrá sido para la ciudad. ¿No es acaso el encanto de las tecnologías de audio y video el acercarnos a lo que el futuro desconocido mirará en nosotros? Y, además, ¿no disloca acaso esta práctica mnémotecnica la tendencia a la identificación simbólica ("la disco del pobre…") al situar en el futuro incierto el punto de vista (por lo demás, todavía inexistente) desde el que nos mirarán los ojos del Otro?

Los asistentes beben y fuman. También es posible ver gente inhalando pegamento industrial o fumando marihuana. El consumo de bebidas alcohólicas es, por decirlo de alguna manera, "colectivo", es decir, se destapa una cerveza o se prepara una cuba no para que uno solo se la tome sino para que circule entre los amigos. A veces es una sola la botella o el vaso del que todos beben, aunque también se da el caso en el que son tantas las botellas que uno acaba de pasar la que tiene cuando ya está recibiendo otra. "¡Aquí sin lana te emborrachas!", me comentaron en una ocasión ante el increíble entrecruzamiento de botellas de cerveza, "aquí no es como en un bar o en una disco, donde tú llegas, invitas y cada quien bebe lo suyo, aquí chupas sin gastar un peso y luego no sabes ni de quién es la botella". Las mujeres también beben y fuman, y una misma botella puede ir de hombres a mujeres o viceversa, o de un grupo de conocido(a)s a otro. En este contexto, gracias al alcohol, el lugar deviene vínculo, como Maffesoli lo dice (1988: 230) y la pista sonidera aviva, mediante vínculos de saliva, relaciones afectivas. En efecto, mezclado por las bocas de los convivientes, el alcohol funciona como una suerte de unificador con el que las solidaridades se refrendan.

Es importante insistir en el hecho de que no fue posible detectar diferencias importantes en términos de género a este respecto: mujeres y hombres consumen alcohol del mismo modo. Es difícil no relacionar esta forma de consumo con el carácter, digamos, "igualitarista" que algunos antropólogos han documentado en otras latitudes a propósito del consumo colectivo de bebidas embriagantes entre las clases trabajadoras. Como Mary Douglas escribe a propósito de las prácticas de consumo estudiadas por N. Dennis, F. Henriquez y C. Slaughter en una comunidad inglesa de mineros: "The drinking of beer is always shared drinking with friends; it is organized on strict rules of reciprocity. Therefore, if a man is temporarily short of cash, he will accept drinks from a friend, but he will be honor-bound to repay" (Douglas, 2010: 124–25). En el caso de los sonideros, el compromiso de invitar más tarde el trago se adquiere ante *todo* el grupo de amigos, pues la identidad de la (o de las) personas que aportaron la bebida se diluye dentro de la colectividad gracias a la circulación acelerada del alcohol.

Lo que le gusta a los asistentes es el "cotorreo" (el "relajo") que hay en los bailes, cotorreo que en gran parte consiste en el placer burlarse de los demás, de cómo bailan, de cómo se visten, de lo que les pasa:

> …mira, lo que pasa es que, como todo, en un lugar… este… tiene que haber una botana, luego [decimos]: 'no, mira cómo baila', 'no, mira ese chavo cómo viene'. Y si se acuerdan de algo de lo que te sucedió te empiezan: '¿no te acuerdas? Mira…' Y así, y por micrófono empiezan a hacer sus versos y choros, o sea, pero eso es lo que me gusta. (Luz María, "la chica de humo", 23 años, seguidora del sonido Latino)

Muchos de los asistentes buscan pareja durante los bailes y algunos la consiguen bailando. En los bailes—a decir de algunos—a las mujeres "les gusta que bailes bien y que no te equivoques... el verso... y que no huelan feo. Al principio como que te equivocas y se empieza a reír contigo, y ya si se ríe le empiezas a caer y a versear y, ya, solita cae" (Iván, "el pelos", 18 años, seguidor del sonido Latino). O, en palabras de otro entrevistado, el ligue masculino depende de "cómo te las duermas".

En cierto sentido, de manera contraria a lo que podría pensarse, muchos de los sonideros asisten a los bailes no para bailar, sino para convivir con "la banda" y tomar. El baile, en ese sentido, ocupa una parte importante, pero no total, dentro de las veladas sonideras. Como ya lo he sugerido, en todo baile la presencia se afirma colectivamente, es decir, pocas veces haciendo alusión a la presencia individual o asistiendo solo a un baile. Así, los saludos se envían en términos de la colonia de la que uno viene o de la banda a la que uno pertenece: "Saludos a los 'Cuatro chiflados y salseros pedotes' de la Lupita Hidalgo", "a los 'Pinochos' de Amalucan", "a las 'Primas veneno' de la Miguel Hidalgo, "a los 'Killer' de la Rusia" (refiriéndose a la junta auxiliar La resurrección), "a los 'Juniors' de San Pablo del Monte", "a los 'Copetes' de Caleras", "a los 'Traviesos' de la 32 norte", "a 'Las inquietas' de Bosque de Manzanilla", "a los 'Vagos' de la 8", "a 'Los borrachitos' de Colombres", etc. El consumo dentro del medio es simbolizado a partir de una experiencia local urbana que se nutre del modo cómo los jóvenes de las clases populares conviven al interior de la ciudad, de las prácticas culturales que ellos desarrollan a su interior a partir de los diferentes referentes que su experiencia de vida les ofrece. Así, se simboliza la pertenencia a un grupo tomando en cuenta tanto los productos que el mercado masivo y la gran industria cultural les ofrece ("Banda Tecatona de San Hipólito", "Club Barahimas de la Hidalgo", "Perros de guerra de Chachapa", "Picapiedras de la Miguel Hidalgo") como las experiencias de vida más inmediatas y localizadas, esto es, el pertenecer a un barrio, a una colonia.

En este sentido, como José Manuel Valenzuela (1998a y 1998b) lo ha mencionado, las grandes industrias culturales permiten a los distintos grupos de la sociedad el acceso a diferentes modos de vida, lo que hace posible que la representación identitaria de los grupos sociales (para nuestro caso, de los grupos de jóvenes) incluya la mezcla de múltiples referentes desconectados de sus contextos originales (desterritorializados) y adaptados a la cultura y el espacio receptores (reterritorializados). La presencia de estos procesos de "multilocación" y el acceso mediático a la pluralidad de referentes simbólicos que implica, lleva a Valenzuela a plantear la existencia actual de *a)* identidades juveniles genéricas (conformadas por la identificación con imaginarios desterritorializados) y de *b)* identidades cotidianas (constituidas por las experiencias juveniles menos mediáticas y más concretas—la vida barrial, el trabajo).

La violencia y los conflictos al interior de los bailes se desarrollan estrechamente ligados a esta afirmación de la presencia colectiva. Cuando ocurren, las "broncas" comienzan generalmente entre dos personas, aunque pronto incluyen a los grupos que las acompañan. En este sentido, si algo se agrava fácilmente es el rencor, y si algo difícilmente se olvida es la afrenta, misma que nunca se remedia de una sola vez ni en un solo baile:

> Sí, cuando, o sea, luego tomamos, ¿no? Y otra banda está tomando, que ya tenemos bronca, pues, la neta, empiezan las riñas, ¿no? O sea, a decirse cosas, y es cuando hay pleito. Sí, los pleitos son gruesos. A mí me han llegado a rajar la cara, o sea... estoy bien marcado—¿no sé si te das cuenta cómo estoy? O sea, por lo mismo de que me juntaba yo con la banda y, o sea, el chiste allá es de que si te desmadran es que vas a llegar al hospital ¿no? Porque, ps, la neta... O sea, si nosotros desmadramos a alguien y le damos sus cachetadas mejor hay que abrirse porque nos buscan y no dan en la madre chido ¿no?... hasta al hospital... nosotros los mandamos o ellos nos mandan, es así, ¿no? (Armando Hernández, 20 años, asistente asiduo a bailes sonideros)

El comienzo de las peleas está entonces también ligado al consumo de drogas y de alcohol:

> Lo que pasa es que los sonidos jalan mucha banda, y tú sabes que en la actualidad a los chavos que les gusta la droga, todo eso, son locos, entonces ya con una droga patean un chavo y a lo mejor el otro chavo se los encuentra con diez, veinte y '¡sobre de él!', ¿no? Y de ahí se hacen ya los rencores y que tal banda le hace el paro a uno y que tal banda... y se llegan a encontrar y... Todo se deriva de ahí, de ahí vienen las broncas. Pero, como te digo, mientras tú vayas a lo que vayas no hay ningún problema contigo. Te digo: son chavos que se buscan broncas, pero si tú eres un chavo tranquilo no tienen que hacerte nada. (Francisco Ramírez, 26 años, propietario del sonido Colombia)

En este sentido, cuando uno asiste por primera vez a un baile sonidero, es difícil no quedarse sorprendido por la naturalidad con la que los asistentes conviven, platican y bromean mientras otros, justo al lado (por lo regular solos), inhalan pegamento industrial contenido en bolsas de plástico a las que inflan y desinflan con el aliento. La existencia de este tipo de consumo en los bailes es corroborada por las bolsas que, al día siguiente, se puede encontrar por tierra en lo que fue la pista de baile. Sin duda, es la presencia de este tipo de adicciones lo que en gran medida ocasiona (junto con la violencia) el rechazo y la desaprobación mediática de los bailes sonideros. Ahora bien, desde mi punto de vista, la tolerancia de los sonideros hacia estas prácticas responde no tanto a una indiferencia generalizada o a una indolencia espontánea, sino a la aplicación de una especie de ética similar a la descrita por Nancy Schepper-Hughes (1992) para caracterizar la indiferencia materna ante la alta mortandad infantil en el Brasil de los años ochentas. Según esta autora, en el marco de una lógica de la supervivencia que responde a la pobreza extrema, dicha ética se impone como prioridad el cuidado de lo que queda vivo y en buen estado y, complementariamente, el desapego ante lo perdido y en desahucio. A mi juicio, sólo un enfoque parecido permite a la gente el divertirse en un mismo baile junto con los jóvenes que inhalan, como absortos y perdidos, su "chemo" (el pegamento industrial).

En este momento es pertinente precisar que la inhalación de esta clase de sustancias (pegamento industrial y anticorrosivos, principalmente) es una práctica muy común entre los más pobres de los pobres de la ciudad, sobre todo entre los jóvenes. Así, Elsa Herrera, Gareth Jones y Sarah Thomas de Benítez escriben a propósito de este tipo de consumo entre los "niños de la calle" de Puebla:

> Among our groups drug use is a regular practice that, contrary to outsider perception, is claimed to afford some opportunities for control over their bodies or practices that they discuss as affording control. Thus, although drugs offer the chance to be 'out of it', and for many will involve psychotic episodes or involvement in unprovoked violence, the participants manage their consumption (Herrera, *et al*, 2009: 72).

Esta situación, de larga data en la ciudad, ha dado lugar a una suerte de integración (lo que no necesariamente quiere decir *aprobación*) de ese tipo de "vicios" dentro de la esfera cotidiana de esos grupos de la sociedad poblana. Con fines explicativos, podemos decir que el adicto al "chemo" es para el lumpen poblano lo que el alcohólico es para las clases medias y altas mexicanas: una persona que, pese a su vicio, no amedrenta ni ahuyenta (al menos no en un primer momento). Así, por ejemplo, en la ocasión en que un adicto a los enervantes, conocido del ambiente sonidero, se acercó a un grupo de publicistas lúcido y sin mostrar indicios de haber inhalado sustancia alguna, estos le preguntaron entre risas: "¿Y tu amigo *el Memo*?". Ante mi duda de quién era "*el Memo*" (quien, entendí luego, era el *chemo* dentro de este juego de palabras) las risas se convirtieron en carcajadas.

Entre las clases medias y altas mexicanas, por el contrario, un adicto al "chemo" es tratado como una persona indeseable y, casi, como un intocable. Desde luego, esto no quiere decir que los más pobres de los pobres poblanos *aprueben* la inhalación de pegamento o de *thiner*. Un publicista, por ejemplo, me contó un día durante mi trabajo de campo la angustia con la que su madre le había pedido que ayudara a su hermano, a quien había sorprendido inhalando pegamento en su casa ("bombeando" decían entonces en alusión al inflado y desinflado de las bolsas). La "lección" que el publicista dio a su hermano me dejó desconcertado. Palabras más, palabras menos, le dijo que no inhalara "esa porquería", que si quería "ponerse chido" mejor consumiera "los farma" (psicotrópicos). Desde luego, al origen de este tipo de entuertos se encuentra no sólo la falta de información, sino también—y sobre todo—el abandono social e institucional sistemático y la banalización pública (gubernamental, oligárquica, mediática) del sufrimiento popular. Ante este hecho, vale la pena interrogarse sobre la razón de ser de las políticas que, esgrimiendo el argumento de la protección de la salud pública, "combaten" la producción, la venta y el consumo de drogas como la cocaína y la mariguana y hacen caso omiso del consumo real y generalizado de este tipo de substancias industriales. Las razones de tanta incoherencia parecen ser, desde luego, de tipo económico.

Volviendo a la cuestión de la violencia, el homicidio es quizás su manifestación extrema en los bailes sonideros. He aquí la descripción, en palabras de un sonidero, de uno de estos hechos:

> Acá había una pista donde estuvimos tocando, fue aniversario... ¿de quién fue? Creo que fue de Celeste Scorpions, y estábamos tocando nosotros y un chavo le metió un balazo a otro en la cabeza, y se cayó, y se armó todo eso, y el organizador quería que siguiéramos tocando. Simplemente echó tierra en la sangre, se llevaron al chavo y quería que siguiéramos tocando, y nosotros ya no quisimos seguir tocando. Empezó a tocar [el sonido] Reebock y se armaron otra vez los trancazos y ya... Ya dejamos de tocar y ahorita el chavo éste creo que está en San Miguel [el penal estatal] ¿no? Era uno de los 'Treinta', le decían 'el Puebla', al chavo. (César Sánchez, "el fresa", 20 años, trabajador del sonido Latino)

Pese a ese tipo de incidentes, el apego a los sonidos no disminuye y aunque los asistentes saben que siempre existe la posibilidad de que en cualquier baile se presente alguna pelea, también saben que éstas se dan sólo entre quienes dan motivo para ello. "Dar motivo" es, por ejemplo, actuar imprudentemente, como mirar fijamente a la novia de otro (quien tomara dicha actitud como un reto)—o, desde luego, buscar camorra deliberadamente, lanzando golpes e improperios ante el más mínimo roce o arreglar cuentas con alguien con quien ya se tiene un problema previo.

No hay registros claros de la cantidad de pleitos o broncas que ocurren en los bailes, esto es comprensible si consideramos que los bailes mismos son la mayor parte del tiempo realizados sin una autorización legal formal. La violencia y los conflictos que ocurren en los bailes se difunden más bien a partir de lo que la gente ve y oye. Por otro lado, cuando los bailes cuentan con una autorización, a la entrada y salida de los mismos se instala una patrulla y/o una ambulancia que son costeadas por los organizadores de los bailes y exigidas por el gobierno municipal.

Pero las veladas sonideras no son sólo pleito, son sobre todo baile. Entre los sonideros poblanos la cumbia se baila de manera diferente a como se baila en otros medios y regiones del país (al menos durante mi trabajo de campo), aunque sigue el patrón general del baile acompañado. En general, se dice que los sonideros bailan "como chapulines en comal caliente". Los sonideros destacan este hecho haciendo resaltar la mayor movilidad corporal de su modo de bailar y los brincos y el braceo que continuamente realizan. Para ellos, éste es un distintivo cultural que marca su diferencia con respecto a las generaciones anteriores. Con respecto a estas, la principal diferencia en cuanto al modo de bailar radica en que, como sonidero "llevas un poco más de movimiento, no es tan duro como el de antes, o sea, bailar, acá, nomás... sino que te sueltas un poco más, das un poco más de movimiento a tu cuerpo y a tus manos y a todo" (Raúl Flores, 21 años, seguidor del sonido "Latino"). Este hecho confirma en cierto modo la dimensión de ruptura generacional que Carles Feixa (1998) ve como característica de las culturas juveniles urbanas.

Los sonideros bailan por parejas y hasta en tríos, pero nunca solos (a diferencia, por ejemplo, del baile individual de la cumbia en el caso chileno—Karmy Bolton, 2013). Durante el baile la creatividad continuamente se manifiesta tanto en la invención de pasos como en el estilo individual de ejecutar los movimientos de base. Al exigir una destreza mayor por parte de sus ejecutantes, el baile entre tres personas (que puede ser sólo entre hombres o entre mujeres, o entre dos mujeres y un hombre o viceversa) resulta bastante agradable a la vista, aunque, en su mayoría, la gente prefiera bailar en parejas. Pese a su diferencia, digamos, "cuantitativa", en ambas maneras de bailar (por tríos o por parejas) predomina el mismo patrón de baile, esto es, el que exige que una de las personas dirija a la(s) otra(s), que la(s) "lleve" en los pasos. Los sonideros dicen de su propio modo de bailar:

> Es lo que está de moda. Pero, o sea, ahorita el baile de brinquito está de moda, o sea, lógicamente [por ejemplo]: tú empezaste a bailar hace 10 años, era muy diferente, pero, como todo, hay chavos que a lo mejor bailan bien, bailan mal, pero ves a un chavo que baila mejor ese estilo y se ve bien, pues tratas... a lo mejor dices "no, pues me voy a aprender ese paso" y todo eso. Pero, ps, es bonito siempre, te digo, la moda es que va cambiando, va cambiando, y si no estás a la moda pues te quedas, te quedas, te vas quedando, entonces... ps, está bien, que bailen. Yo pienso que del modo que se baile no hay problema, que esté de moda y pegue, y no hay ningún problema con eso. (Francisco Ramírez, 26 años, propietario del sonido Colombia)

Ahora bien, cabe destacar que pese a que es el "brinquito" lo que más destacan los sonideros cuando hablan de su modo de bailar, otro aspecto de gran importancia es el que se refiere al braceo y a los giros que continuamente realizan las parejas y los tríos entrelazados. Es el giro el que pone en contacto más estrecho a la pareja y el que a fin de cuentas determina el que ésta se entienda o no. El baile alcanza precisión y belleza emocionantes entre los mejores, que son los que más retienen las miradas que se agrupan en torno a ellos y más seguros de sí bailan. Por lo demás, no deja de haber cierta gracia incluso entre los menos expertos. Adaptarse, acomodarse o entenderse durante el baile es identificar, mediante maneras y pasos de baile, mediante movimientos corporales, una idéntica procedencia de clase, lo que favorece la soltura y creatividad propia de quien se siente en su propio medio. En este sentido, es posible decir, retomando a Mary Douglas, que el principal marcador identitario de clase dentro del medio sonidero radica en el modo de bailar. En ese sentido, si tanto se le dificulta a muchos otros aprender a bailar la cumbia u otras músicas tropicales, es precisamente porque son ajenos a la educación del cuerpo y a los hábitos de diversión que muchos grupos de las clases populares urbanas poseen.

Los bailes—que, como ya lo he dicho, casi siempre son realizados en la noche—a menudo concluyen cuando ya es de madrugada. Entonces el o los sonidos que se hayan presentado comienzan a desmontar su equipo y los asistentes, paulatinamente y en grupos, comienzan a retirarse. Algunos utilizan taxis, otros, así en plena madrugada, regresan caminando a sus casas o a las de amigos que les ofrecen un lugar para esperar el amanecer. Los seguidores, en su mayoría, esperan—y, a veces, ayudan—al sonido y se retiran, cuando es posible, en el transporte del mismo.

Cumbia sonidera

No podíamos dejar de lado, desde luego, la cuestión de la música.

Algunos sonideros distinguen entre la "cumbia comercial, que se puede decir que se toca más en las fiestas, y la cumbia que es ya sonidera, la cumbia que tocas en una pista" (Avelino, 28 años, dueño de Publicidades Avelino). Esta distinción da al medio sonidero un cariz similar al de otros medios de consumo cultural musical conocidos como "subterráneos" (aunque más asociados a la música rock). Aunque al considerarlos por sí mismas no queda bien claro cuál es la diferencia entre ambos tipos de cumbia (pues incluso se da el caso de que algunos consideran como "sonideras" canciones que para otros no merecen tal calificativo) es cierto que muy poca de la música que se escucha durante un periodo de tiempo en los bailes sonideros coincide con la que se puede escuchar durante el mismo periodo en la radio. A decir de algunos sonideros, la principal característica de la música sonidera es que es muy rítmica, que se presta más para el baile "de brinquito".

Los sonideros han desarrollado sus propios canales de circulación para sus bienes musicales, mismos que son tan eficaces que para estar al día en cuanto a la "vanguardia cumbiambera" hay frecuentar los bailes sonideros y olvidarse de la radio. Dicha actualidad en lo que se refiere a la circulación de bienes musicales se debe, ciertamente, a la promoción que algunas empresas disqueras hacen de sus productos (nacionales o internacionales) en el medio, pero también a los viajes que los dueños de los sonidos más exitosos hacen a América del Sur para conseguir música de reciente creación y a la existencia de medios clandestinos de reproducción, distribución y comercio de las producciones musicales. Es precisamente el afán de acaparar la música más reciente lo que lleva a algunos sonideros a cambiar el título de las canciones que tocan y a hacer poca referencia al grupo que la interpreta (para que de este modo otros sonidos no sepan dónde encontrar la música en cuestión). Al cambiar el nombre de las canciones los sonideros les asignan títulos—y, con ello, significados—más ligados a sus propias percepciones y experiencias. Los títulos se refieren a la vida sentimental de la gente ("Cumbia del me gustas", "Oasis de amor", "Corazón herido", "Vida, no te vayas"), a las características del ambiente sonidero ("Cumbia de la juventud", "Necesito una droga", "Cumbia del bailarín", "Soberana cumbia", "Cumbia sin nombre"), a la experiencia de la migración en los Estados Unidos ("Cumbia pa'l norte", "Cumbia Michigan", "Un poblano en California", "Silbando cumbia en Nueva York"), a la sexualidad ("El hombre desnudo", "La mujer desnuda", "La cumbia del garrote") y a los temas más diversos ("Sonaja y tambor", "La cumbia del chinito").

No existe una pauta única en cuanto a las temáticas que abordan las letras de las canciones sonideras (cuando la tienen, porque muchas de estas constan sólo de melodía y la única letra que las caracteriza es la del título), a lo mucho lo que se percibe son tendencias o temas predominantes. Muchas abordan cuestiones amorosas (es decir, son cumbias "románticas"), otras hablan de las distintas experiencias de las clases populares en su vida cotidiana (la migración, el trabajo) y otras se limitan a elogiar la cumbia y el relajo (el "cotorreo") que se desata en todos los bailes y que supuestamente está siempre asociado a la música tropical. Aunque el vocabulario de algunas de esas canciones deja ver elementos de una estética rabelesiana ("La cumbia del garrote", "la cumbia de la pendejota"), ese no es siempre el caso.

En contraste, una característica importante, compartida por la totalidad de la música tocada por los sonideros—al menos en Puebla-, es que se le reproduce reduciendo la cantidad de revoluciones por minuto al tornamesas o, en el caso de las nuevas tecnologías, reduciendo la velocidad de lectura de los archivos. Esto hace tremendamente bajos los sonidos graves y las voces de las canciones, lo que da a éstas una musicalidad muy particular, un tono melancólico e incluso un poco depresivo. Los metales (trompetas, trombones) suenan entonces rasposos; las percusiones, arenosas; los bajos, densos y largos; las voces pasmosas y guturales. Así modificada, la música cala hondo, y uno no puede sino preguntarse lo que tal estratagema musical causa en la mente y los sentidos de alguien que al mismo tiempo inhala *thiner* o "chemo". Gracias a los grandes "bafles" que los sonidos usan, ese cambio en las revoluciones hace vibrar con más fuerza la pista, de tal suerte que la realización de los bailes es fácilmente percibida a la distancia: el pulso lento y grave de los sonidos aunado al espectáculo de luces indica claramente al iniciado donde hay tocada.

Para concluir este apartado

El estudio histórico del consumo de la música tropical en México nos ha permitido comprender de mejor manera los vínculos existentes entre los sonideros y la evolución socio-económica y cultural del país. Este modo de proceder nos ha también permitido demostrar que la importancia del medio sonidero reside en parte en su relación con diversos cambios en las prácticas de consumo musical de los mexicanos. En este sentido, hemos estudiado la formación de una cultura musical urbana y popular, reproducida gracias a diversas condiciones locales, regionales, nacionales y transnacionales. En el caso de Puebla, estas condiciones se han relacionado con la expansión de la economía popular en la urbe—eje histórico de los usos populares de la ciudad—, con el aumento de la migración internacional y con la presencia de una cultura urbana marginal y, no obstante, activa en los diferentes planos de la vida social (las culturas generacionales, la clase social, las relaciones de género, la identidad de barrio).

Por otro lado, en tanto medio de consumo musical, el movimiento sonidero tiene en los bailes y en el disfrute de la música su espacio de realización por excelencia. Son las tocadas y todo lo que de ellas se deriva el punto en el que se anudan los componentes de este fenómeno cultural para así dar consistencia a lo sonidero. Ahí, vuelta mercancía, la cultura musical sirve a las necesidades e intereses económicos de los inmersos en el negocio sonidero a la vez que éste último celebra y *registra* el aniversario de *x* banda o la fiesta de tal barrio—ambos buenos pretextos para "cotorrear" con los cuates y para dotar de nuevos usos y nombres a las calles y espacios de la ciudad.

Conclusión

Nuestra investigación sobre el medio sonidero ha sido realizada como parte de un intento por reinsertar las culturas juveniles y su estudio dentro la evolución socioeconómica y política de la sociedad en su conjunto. En este sentido, como lo vimos en nuestra revisión de los estudios sobre juventud, una característica distintiva de éstos ha sido, a lo largo de los últimos años, el disociar las prácticas culturales juveniles de sus contextos de emergencia y el abordarlas, en consecuencia, en términos intimistas que a menudo se limitan a los aspectos simbólicos y emotivos de las mismas. Sin descuidar estos aspectos simbólicos y afectivos, dentro de este trabajo he intentado insertar el consumo juvenil sonidero dentro de las dinámicas mayores de producción y de construcción del espacio urbano poblano. El objetivo ha sido, por decirlo de algún modo, "destribalizar" el debate para abordar las prácticas y culturas juveniles en tanto que partes integrantes del proceso mayor de evolución de la sociedad mexicana. Desde mi punto de vista, la proliferación reciente de organizaciones y movimientos políticos juveniles en ese país nos obliga a emprender dicha tarea.

En este sentido, a lo largo de este estudio pudimos ver cómo, en la ciudad de Puebla, el movimiento sonidero surgió articulándose a dos fenómenos diferentes pero complementarios: por una parte, al proceso histórico de larga data que ha hecho de la economía popular (del comercio popular, en particular) el eje estructurante de los usos populares del espacio urbano. En efecto, como lo vimos en nuestra revisión de la historia de la ciudad, ante las dinámicas de segregación y de exclusión que han caracterizado la evolución del espacio urbano poblano, el comercio popular siempre ha funcionado como un punto de apoyo para el establecimiento y la reproducción de las prácticas de los habitantes comunes de la ciudad. Por otra parte, el medio sondiero poblano se inscribe en continuidad con la tradición cultural urbana que, desde la primera mitad del siglo XX, hizo de la música tropical uno de los géneros musicales más valorados por las clases populares poblanas y mexicanas. Se trata, quizás, de uno de los procesos de apropiación cultural más importantes en la historia de la cultura popular mexicana… y quizás latinoamericana, si pensamos en la expansión del consumo de la cumbia en nuestros días.

Ahora bien, en el medio sonidero los jóvenes de las clases populares actúan no sólo como consumidores de la cultura vuelta mercancía, sino también como sus productores y difusores. Como lo hemos visto, en la ciudad de Puebla, la base material y organizacional del ambiente sonidero está constituida por las actividades económicas que las clases populares desarrollan a su interior. Se vinculan aquí, estrechamente, diversión y economía popular—hecho socioeconómico éste último que incluye la economía informal, el comercio clandestino y el mercado tradicional popular. Precisemos que el admitir la existencia del comercio informal y del mercado clandestino como partes integrantes de la economía popular urbana no significa reducir ésta última a aquellas. La ilegalidad y el negocio clandestino no son privativos de las clases populares, aunque en la actualidad ambas sean una parte importante de las actividades económico-comerciales de éstas (véase Escobar Latapí, 1990). En este sentido, grupos como los sonideros, los chocomiles, los publicistas, los promotores y los reparadores de equipo no sólo encarnan el desarrollo cultural del medio sonidero, sino también lo posibilitan al brindarle una base material y económica y al integrarlo al (y derivarlo del) conjunto de la economía urbana.

Por otro lado, el hecho de que el medio sonidero esté asociado en gran medida a una economía capitalista "subterránea" no le asigna automáticamente un carácter político contestatario o contrahegemónico. Por el contrario, mucho sonideros, como lo hemos visto, tienen un discurso más bien apolítico y están incorporados a organizaciones de comerciantes que forman parte del PRI y que obtienen favores de éste a cambio de apoyo clientelar. De ahí que la negociación de la ilegalidad económica sirva frecuentemente al partido político mencionado para lograr el apoyo electoral de las clases populares—que muy interesadas están en proteger sus actividades económicas de subsistencia. La relación de los sonidos con la autoridad política de la ciudad no es, sin embargo, un modelo de respeto y confianza mutuos. Antes bien, la relación es conflictiva y los sonideros siempre están dispuestos a insistir cuando sus intereses están en riesgo o son perjudicados.

El estudio del medio sonidero nos coloca, entonces, ante una práctica cultural desarrollada por los jóvenes de las clases populares, pero fundamentada en la economía capitalista dominante. De este modo, con todo y sus numerosas peculiaridades, el medio sonidero se aviene bien con la definición de industria cultural que hemos presentado en nuestro marco teórico, pues se fundamente en el uso lucrativo de diferentes tecnologías de producción y difusión de bienes culturales. El consumo musical de la cumbia en el medio sonidero contribuye a la reproducción del orden socioeconómico capitalista al convertir diferentes bienes culturales en mercancías y al favorecer, en el ámbito cultural, la aceptación tácita, por parte de las clases populares, de dicha modalidad comercial de producción y consumo cultural. La cultura que es reproducida de este modo por los sonideros no es, sin embargo, una cultura "homogeneizante" ni se desprende de una suerte de dominación total de las clases dominantes. Estamos más bien ante una *industria cultural fragmentada*, que más que perpetuar un poder cultural centralizado y un orden económico siempre idéntico, reproduce, de manera dispersa, distinta y al interior de distintas prácticas culturales, el ímpetu de la acumulación capitalista. Desarrollado entre grupos de jóvenes que a edad muy temprana abandonaron la educación formal y que se han integrado rápidamente a la población económicamente activa, el medio sonidero y el gusto por la cumbia sonidera se nutren de la cultura local urbana, de la experiencia colectiva que asigna a cada grupo de jóvenes una marca identitaria específica ante otros grupos iguales y ante el conjunto de la sociedad poblana. Mandar saludos a "la banda" y después comprar la grabación en la que aparece ese saludo es reafirmar la presencia urbana colectiva y crear, para sí mismos, un registro duradero de su propia existencia—misma que, la mayoría de las veces, es ignorada y desdeñada por los medios de comunicación masiva y por los grupos que controlan la imagen hegemónica de la ciudad.

El medio sonidero permite a los jóvenes no sólo dar constancia de su propia existencia, sino también materializar dicha presencia a través de los usos específicos que dan al espacio urbano. Nombrar y utilizar como "pista sonidera" a una cancha de basquetbol o conceptuar los diferentes barrios y colonias de la ciudad a partir de su relación con los sonidos ("San José es territorio del Sonido Latino") significa nombrar y utilizar la ciudad a partir de los criterios culturales propios y delinear una cartografía urbana alternativa dentro de la ciudad neoliberal. En este sentido, el medio sonidero expresa simbólicamente el interés, por parte de los jóvenes de las clases populares, de hacer manifiesta su presencia al interior de la "catástrofe urbana" y ante la displicencia que a ellas dirigen quienes, como ya lo he dicho, controlan la imagen hegemónica de la urbe. De ahí que en los bailes sonideros no se consuma la música *per se*, y que, por el contrario, la degustación de la música siempre esté acompañada de continúas referencias—mediante la utilización del micrófono—al contexto de consumo: a los barrios, a las bandas de jóvenes que asisten, a los mismos sonidos.

En este sentido, una de las características más importantes de los bailes sonideros es que funcionan como espacios en los que las diferentes cargas identitarias de los asistentes se anudan para conformar un todo en movimiento (aunque, ciertamente, este todo no sea siempre armonioso). La identidad generacional es refrendada por la proximidad que existe entones entre los jóvenes reunidos; las identidades de género y las preferencias sexuales, por su parte, son negociadas y afirmadas en el momento del baile mismo. Las identidades de barrio dotan, por su parte, de referentes espaciales concretos a la colectividad reunida, que se reconoce a sí misma en la evocación de una calle, de una colonia, de un espacio deportivo. A este respecto, es posible afirmar, utilizando el vocabulario Habermasiano de Elizabeth Povinelli (2006: 164), que al mismo tiempo que contribuyen a reproducir el orden económico imperante, los bailes sonideros dibujan una "esfera pública no regulada" en la que la acción juvenil se reproduce y reproduce las relaciones con su entorno económico y político de una manera creativa.

A propósito del modo sonidero de bailar podemos decir, en esta misma tónica, que éste ha posibilitado el desarrollo de una expresividad corporal propia para los grupos de clase popular a él vincuados. El baile sonidero favorece el desarrollo de la creatividad popular y la identificación clasista al establecer preceptos—flexibles— sobre el uso y los movimientos corporales en el baile y al convertir el dominio y la innovación con respecto a dichos preceptos en un medio de entendimiento cultural. En este sentido, los movimientos corporales actúan como signos que indican—junto con otras características de la indumentaria y del habla sonidera—la existencia de una experiencia sociocultural compartida, de múltiples vidas paralelas en la ciudad. Vale la pena destacar, en este sentido, que el modo de bailar sonidero ha sido desarrollado de manera "independiente" por las clases populares y que ha pasado desapercibido—al menos hasta nuestros días—o ha sido ignorado por la macroindustria cultural, que en la actualidad se solaza y regodea con otras prácticas musicales populares del país (la música grupera y norteña, el pasito duranguense y demás…). El baile sonidero anima, en este sentido, una industria cultura popular.

Anexo 1

Lista de entrevistados

No. de entrevista	Nombre o apodo	Edad	Género	Ocupación sonidera
1	Aidé Castillo	22	Femenino	Dueña de "Publicidad Juárez" y del sonido "Flash".
2	Jorge Moreno	27	Masculino	Dueño del sonido "Cristal".
3	Amelia García	18	Femenino	Trabajadora de "Publicidad Juárez" y seguidora del sonido "Fantasma".
4	Alfredo Juárez	28	Masculino	Propietario del sonido "Los Quick".
5	Iván, "el pelos"	18	Masculino	Seguidor del sonido "Latino".
6	Antonio, "el mosquito"	28	Masculino	Trabajador del sonido "Condor".
7	Enrique Sánchez	17	Masculino	Propietario del sonido "Kikes".
8	Daniel, "el güero pachanguero"	15	Masculino	Trabajador del sonido "Latino"

No. de entrevista	Nombre o apodo	Edad	Género	Ocupación sonidera
9	Armando Hernández	20	Masculino	Asistente asiduo a bailes sonideros
10	Alberto de Lázaro, "el cocos"	17	Masculino	Seguidor del sonido "Fantasma".
11	Raúl Flores	21	Masculino	Seguidor del sonido "Latino".
12	Juan Antonio, "el Zamora"	26	Masculino	Trabajador del sonido "Máster".
13	Francisco Ramírez	26	Masculino	Propietario del sonido "Colombia".
14	Janet	18	Femenino	Seguidora del sonido "Latino".
15	Juan Cruz, "Miyagui"	18	Masculino	Dueño de "Publicidades Dragón".
16	Jesús Morales, "Molito"	18	Masculino	Organizador de bailes, "promotor".
17	Marco Antonio Mora, "el monster".	19	Masculino	Seguidor del sonido "Latino".
18	María del Carmen Cortés	25	Femenino	Seguidora del sonido "Latino".
19	Sergio Azucena, "el moreno"	22	Masculino	Trabajador del sonido "Latino".
20	César Sánchez, "el fresa".	20	Masculino	Trabajador del sonido "Latino".
21	Luz María, "la chica de humo".	23	Femenino	Seguidora del sonido "Latino".
22	Roberto Parra, "el chucky"	29	Masculino	Trabajador de "Publicidades Avelino" y seguidor del sonido "Latino".
23	"El guapo"	Sin datos	Masculino	Dueño de "Publicidades el guapo".
24	Avelino	28	Masculino	Dueño de "Publicidades Avelino".
25	Alberto Arce	38	Masculino	Dueño del sonido "Arce 3".

Bibliografía

Adorno, T., "The Autonomy of Art", en B. O'connor (ed.), *The Adorno Reader*, Oxford, Blackwell Publishers, 2000, p. 239–265.

Agustín, J., *La contracultura en México*, México, Grijalbo, 1996.

Alabarces, P., "Transculturas populares. El retorno de las culturas populares en las ciencias sociales latinoamericanas", *Cultura y representaciones sociales*, vol. 7, no. 13, 2012, p. 7–39.

Alabarces, P. A. y M. Silba, "'Las manos de todos los negros arriba': Género, etnia y clase en la cumbia argentina", *Cultura y representaciones sociales*, vol. 8, no. 16, 2014, p. 52–74.

Augé, M., *Los No Lugares Espacios del Anonimato. Una Antropología de la Sobremodernidad*, Barcelona, Gedisa, 1994.

Auyero, J., *Poor People's Politics. Peronist Survival Networks & the Legacy of Evita*, Durham y Londres, Duke University Press, 2001.

Bajtin, M., *La cultura popular en la Edad Media y el Renacimiento. El contexto de François Rabelais*, Madrid, Alianza, 1987.

Banerjee, T., "The Future of Public Space. Beyond Invented Streets and Reinvented Places", *APA Journal*, vol. 67, no. 1, 2001, p. 9–24.

Barbosa Cano, M., "Puebla. Proceso fundacional milenario", *Enlaces*, no. 8 (nouvelle époque), 2000, p. 5–12

———, *El crecimiento industrial del estado de Puebla. Caracteres económicos e implicaciones sociales en cien años de industrialización*, México, INAH, 1993.

———, "Puebla, ciudad de ángeles y demonios", *Crítica*, no. 37, 1988, p. 42–56.

———, "Puebla y su zona metropolitana en el proceso de megalopolización del centro del país", *Crítica*, no. 28, 1984, p. 45–55.

Baulch, E., *Making Scenes. Reggae, Punk and Death Metal in 1990's Bali*, Durham y Londres, Duke university press, 2007.

Bejarano, C., *¿Qué onda? Urban Youth Culture and Border Identity*, Tucson, University of Arizona Press, 2007.

Benjamin, W., "La obra de arte en la época de su reproductibilidad técnica", en *Discursos interrumpidos*, Madrid, Taurus, 1973, p. 14–57.

Bigsby, C. W., *Examen de la cultura popular*, México, FCE, 1982.

Blanco Arboleda, D., "Transculturalidad y procesos identificatorios. La música caribeña y colombiana en Monterrey, un fenómeno transfronterizo", *Alteridades*, vol. 15 no. 30, 2005, p. 19–41.

Boissonade, J., "Capter les flux. Cultures territoriales et mouvements des rassemblements de jeunes" en G. Capron *et al* (eds.), *Liens et lieux de la mobilité. Ces autres territoires*, París, Belin. 2005, p. 191–203.

Bonfil Batalla, G., *Mexico profundo. Una civilización negada*, México, Grijalbo-Consejo Nacional para la Cultura y las Artes, 1990.

Boudreault, P.-W., "Introduction" en P.-W. Boudreault y M. Parazelli (dirs.), *L'imaginaire urbain et les jeunes. La ville comme espace d'expériences identitaires et créatrices*, Quebec, Presses de l'Université de Québec, 2004, p. 1–18

Bourdieu, P., *La distinction: critique sociale du jugement*, París, Éditions Minuit, 1979.

———, *Sociología y cultura*, México, CONACULTA-GRIJALBO, 1990.

Bourgois, P. y J. Schoenberg, *Righteous Dopefiend*, Berkeley, University of California Press, 2009.

Brenner, N y N. Theodore, "Cities and Geographies of 'Actually Existing Neoliberalism'", en *Spaces of Neoliberalism. Urban Restructuring in North America and Western Europe*, Oxford, Blackwell Publishing, 2002, p. 2–32.

Brieger, P., "De la década perdida a la década del mito neoliberal", en J. Gambina (comp.), *La globalización económico financiera. Su impacto en América latina*, Buenos Aires, CLACSO, 2002, p. 341–355.

Brito Lemus, R., "Identidades juveniles y praxis divergente: acerca de la conceptualización de juventud" en A. Nateras Domínguez (coord), *Jóvenes, culturas e identidades urbanas*, México, UAM-Iztapalapa, 2002, p. 43–60.

Bucholtz, M., "Youth and Cultural Practice", *Annual Review of Anthropology*, no. 31, 2002, 525–552.

Bueno, C., "Una lectura antropológica del sector informal", *Nueva antropología*, vol. 11, no. 37, 1990, p. 9–22.

Cabral, A., "La resistencia cultural", en H. Varela Barraza (comp.), *Cultura y resistencia. Una lectura política*, México, Ediciones El caballito, 1985, p. 84–94.

Caldeira, T. P. R., *City of Walls: Crime, Segregation and Citizenship in Sao Paulo*, Berkeley, University of California Press, 2000.

Castells, M., *La cuestión urbana*, México, Siglo XXI, 1977.

Cerbino, M y Rodríguez A., "Movimientos y máquinas de guerra juveniles", *Nómadas*, no. 23, 2005, p. 112–121.

Chatterton, P. y R. Hollands, "Theorising Urban Playscapes: Producing, Regulating and Consuming Youthful Nightlife City Spaces", *Urban Studies*, vol. 39, no. 1, 2002, p. 95–116.

Churchill, N., "Hacer cultura, hacer lugar: la lucha para el espacio social, en el barrio de Analco, Puebla", en M. Viladevall i Guasch (coord.) *Ciudad, patrimonio y gestión*, Puebla, BUAP, 2001, p. 170–193.

Clarke, J., et al., "Subcultures, Cultures and Class" en S. Hall y T. Jefferson (eds.), *Resistance through Rituals. Youth Subcultures in Post-war Britain*, Birmingham, University of Birmingham, 1977, p. 9–74.

CONAPO, *Migración mexicana hacia Estados Unidos*, http://www.conapo.gob.mx/mig_int/03. htm., 2006, consultada el 17 de octubre de 2006.

Cunill Grau, P., "Cambios en la conformación espacial urbana. Concentración de paisajes metropolitanos. Megalópolis en gestación. Nuevas capitalidades. Ocaso de centros históricos e irrupción de la subintegración", en *Las transformaciones del espacio geohistórico latinoamericano, 1930–1990*, México, El colegio de México / Fideicomiso Historia de las Américas / FCE, 1995, p. 164–185.

Davis, M., *City of Quartz. Escavating the future in Los Angeles*, Los Angeles, Vintage Books, 1992.

De Certeau, M., *La invención de lo Cotidiano. I Artes de Hacer*, México, Universidad Iberoamericana, 1996.

De las Rivas, J. L., "El espacio urbano de la Puebla de Zaragoza. Su origen polinuclear y su cuadricula como rutina", en M. Viladevall i Guash (coord.), *Ciudad, patrimonio y gestion*, Puebla, Universidad Autônoma de Puebla, 2001, p. 267–288.

Domínguez Ruiz, A. L., *Cholula: territorios musicales e identidad la dimensión social de la música*, (sf) Disponible en http://www.iaspmal.net/wpcontent/uploads/2012/01/AnaLidiaDominguez. pdf, consultado el 1 de febrero de 2013.

Douglas, M. y B. Isherwood, *The World of Goods*, Londres y Nueva York, Routledge, 2010.

Escobar Latapí, A., "Estado, orden político e informalidad: notas para discusión", *Nueva antropología*, vol. 11, no. 37, 1990, p. 23–40.

Estrada Urroz, R., "Espacios cuidados, segregados y prohibidos en la ciudad de Puebla en las très primeras décadas del siglo XX" en M. Viladevall i Guasch (coord.), *Ciudad, patrimonio y gestion*, Puebla, Universidad Autónoma de Puebla, 2001, p. 333–354.

Ewen, S., *Todas las imágenes del consumismo. La política del estilo en la cultura contemporánea*, México, Grijalbo, 1991.

Feixa Pampols, C., *El reloj de arena*, México, IMJ, 1998.

Fernández L'Hoeste, H. y P. Vila, "Introducción", en *Cumbia! Scenes of a Migrant Latin American Music Genre*, Durham y Londres, Duke University Press, 2013, p. 1–27.

Ferrandiz, F., "Heridas", en *Escenarios del cuerpo*, Bilbao, Universidad de Deusto, 2004.

Foley, D., *Learning Deep in the Capitalist Heart of Tejas Culture*, Philadelphia, University of Pennsylvania Press, 1990.

Franzén, M., "Urban Order and the Preventive Restructuring of Space: the Operation of Border Controls in Micro Space", *Sociological review*, vol. 49, no. 2, 2001, p. 202–218.

Galloway, S., y S. Dunlop, "A critique of Definition of the Cultural and Creative Industries in Public Policy", *International Journal of Cultural Policy*, vol. 13, no. 1, 2007, p. 17–31.

García Canclini, N., *Culturas hibridas. Estrategias para entrar y salir de la modernidad*, México, GRIJALBO, 1990.

————, *La producción simbólica. Teoria y método en sociologia del arte*, México, Siglo XXI, 2002a.

————, *Culturas populares en el capitalismo*, México, Grijalbo, 2002b.

García Canclini, N., *et al.*, *Públicos de arte y politico cultural. Un estudio del II Festival de la ciudad de México*, México, Universidad Autônoma Metropolitana—Iztapalapa / Departamento del Distrito Federal, 1991.

Giménez, G., "Introducción. Cultura, identidad y cultura popular" en A. Roth y J. Lameiras, *El verbo popular*, Zamora, El colegio de Michoacán, 1995.

Ginwright, S., P. Noguera y J. Cammarota, *Beyond Resistance! Youth Activism and Community Change*. Nueva York y, Londres, Routledge, 2006.

Giroux, H., "Doing Cultural Studies: Youth and the Challenge of Pedagogy", 1994, en Internet (http://www.gseis.ucla.edu/courses/ed253a/giroux/giroux 1.html). Consultado el 1 de marzo de 2005.

————, *Cruzando límites. Trabajadores culturales y políticas educativasi*, Barcelona-Buenos Aires-México, Paidós, 1997.

Gómez Carpinteiro, F., "Categorias perdurables. Estado e identidades rurales en la larga modernización capitalista", ponencia presentada en el 4° *Congreso de la Asociación Mexicana de Estudios Rurales*, Morelia, 2005.

González Castillo, E., *Le militantisme culturel dans le Mexique contemporain*, Quebec, Presses de l'Université Laval, 2012a.

————, "Radio communautaire et espace dans le Mexique néolibéral", *Communication*, vol. 30, no. 2, 2012b, Disponible en http://communication.revues.org/index3584.html

González Sánchez, J. A., "Cultura(s) Popular(es) hoy", en *Comunicación y cultura*, vol. 10, no. 10, 1983, p. 7–30.

Gramsci, A., *Cahiers de prison. Cahiers 10, 11, 12, 13*, París, Gallimard, 1978.

Griffin, C. E., "The trouble with class: researching youth, class and culture beyond the 'Birminghan School'", *Journal of Youth Studies*, vol. 14, no. 3, 2011, p. 245–259.

Grossberg, L., "History, Politics and Postmodernism. Stuart Hall and Cultural Studies" en D. Morley y K.-H. Chen (eds.), *Stuart Hall: Critical dialogues in Cultural Studies*, Londres, Routledge, 1996, p. 151–173.

Haenfler, R., "Rethinking Subcultural Resistance—Core Values of the Straight Edge Movement", *Journal of Contemporary Ethnography*, vol. 33, no. 4, 2004, p. 406–436

Hall, S., "Gramsci's Relevance for the Study of Race and Ethnicity", en D. Morley y K.-H. Chen (eds.), *Stuart Hall: Critical dialogues in Cultural Studies*, Londres, Routledge, 1996a, p. 411–440.

————, "New ethnicities", en D. Morley y K.-H. Chen (eds.), *Stuart Hall: Critical dialogues in Cultural Studies*, Londres, Routledge, 1996b, p. 441–449

Harris, D., *From Class Struggle to the Politics of Pleasure: The Effects of Gramscianism on Cultural Studies*, London, Routledge, 1992.

Harvey, D., *The Condition of Postmodernity*, Cambridge, Blackwell, 1989.

Hebdige, D., *Subculture. The Meaning of Style*, Londres, Methuen & Co LTD, 1979.

Herrera, E., G. Jones y S. Thomas de Benítez, "Bodies on the Line: Identity Markers among Mexican Street Youth", *Children's Geographies*, vol. 7, no. 1, 2009, 67–81.

Hesmondhalgh, D., *The cultural industries*, Londres, Sage, 2007.

Hoggart, R., *La cultura obrera en la sociedad de masas*, México, Grijalbo, 1990.

Hollands, R., "Divisions in the Dark: Youth Cultures, Transitions and Segmented Consumption Spaces in the Night-Time Economy", *Journal of Youth Studies*, vol. 5, no. 2, 2002, p. 153–171.

Horkheimer, Max y T. W. Adorno, *Dialéctica del iluminismo*, Buenos Aires, Sur, 1974.

INEGI, *Cuaderno estadistico municipal de Puebla*, Puebla, 2005.

Jameson, F., *El posmodernismo o la lógica cultural del capitalismo avanzado*, Barcelona, Paidós, 1991.

JMMCM, *Informe*, Puebla, 1982.

Jones, G. y M. Moreno Carranco, "Megaprojects. Beneath the pavement, excess", *City*, vol. 11, no. 2, 2007, p. 144–164.

Joseph, M., G. y D. Nugent, (comps.) *Aspectos cotidianos de la formación del Estado*, México, Era, 2002a,

Joseph, M., G. y D. Nugent, "Cultura popular y formación del estado en el México revolucionario", en G. M. Joseph y D. Nugent (comps.) *Aspectos cotidianos de la formación del Estado*, México, Era, 2002b, p. 31–52.

Karatani, K., *Transcritique. On Kant and Marx*, Cambridge, Massachusettes, Londres, The MIT Press, 2003.

Karmy Bolton, E., "'También yo tengo mi cumbia, pero mi cumbia es chilena': apuntes para una reconstrucción sociohistórica de la cumbia chilena desde el cuerpo", *Resonancias*, no. 32, junio, 2003, p. 93–110,

Lazar, S., *El Alto, Rebel City. Self and Citizenship in Andean Bolivia*. Durham, Duke University Press, 2008.

Lomelí Vanegas, L., *Breve historia de Puebla*, México, Fideicomiso Historia de las Américas-COLMEX, FCE, 2001.

López Cano, R., *Performatividad y creatividad musical en la construcción social de género. Una aplicación al Tanto queer, Timba, Regetón y Sonideros*, 2008, disponible en http://lopezcano.org/Articulos/2008.Sonideros.pdf

Low, S., "The edge and the center: gated communities and the discourse of urban fear", *American anthropologist*, vol. 103, no. 2, 2001, p. 45–58.

———, "Spatializing Culture: The social Production and Social Construction of Public Space in Costa Rica", *American Ethnologist*, vol. 23, no. 4, 1996, p. 861–879.

Lukose, R., *Liberalization's Children. Gender, Youth and Consumer Citizenship in Globalizing India*. Durham y Londres, Duke University Press, 2009.

Lunn, E., *Marxismo y modernismo : Un estudio histórico de Luckacs, Brecht, Benjamin y Adorno*, México, FCE, 1984.

Maffesoli, M., « Création, consommation » en P.-W. Boudreault y M. Parazelli (dirs.), L'maginaire urbain et les jeunes. La ville comme espace d'expériences identitaires et créatrices, Quebec, Presses de l'Université de Québec, 2004, p. 339–348.

———, *Le temps des tribus. Le déclin de l'individualisme dans les sociétés de masse*, París, Méridiens Klincksieck, 1988.

Marcuse, H., *El hombre unidimensional Ensayo sobre la ideologia de la sociedad industrial avanzada*, México, Joaquín Mortiz, 1970.

Margullis, M. y M. Urresti, "La construcción social de la condición de juventud", en H. J. Cubides *et al.* (ed.) *Viviendo a Toda. Jóvenes, territorios culturales y nuevas sensibilidades,* Santafé de Bogotá, Siglo del Hombre Editores—Universidad Central, 1998 p. 3–21.

Marín, F., *Puebla de los Ángeles. Orígenes, gobierno y division racial,* Puebla, BUAP, 1989.

Marroquín, E., *Las vecindades en Puebla,* Puebla, BUAP-ICUAP, 1985.

Martín-Barbero, J., *De los medios a las mediaciones. Comunicación, cultura, hegemonía,* Barcelona, GG-Mass Media, 1987.

McRobbie, A., *Postmodernism and popular culture,* Londres y Nueva York, Routledge, 1996.

Melé, P., *Puebla: Urbanización y políticas urbanas,* Puebla, BUAP-UAM, 1994.

———, "Crecimiento urbano, ilegalidad y poderes locales en la ciudad de Puebla", *Estudios demográficos y urbanos,* vol. 4, no. 2, mayo-agosto, COLMEX, 1989, p. 281–312.

Méndez, E., *La conformación de la ciudad de Puebla,* Puebla, UAP, 1987.

Merlo, E., "El patrón de asentamiento de Puebla según su fundador", *Enlaces,* no. 8 (nouvelle époque), 2000, p. 13–24.

Milián, G., *La modernidad sistémica. La desconcentración comercial en la ciudad de Puebla,* Puebla, BUAP-UNAM, 1994.

Miller, D., "The Little black dress is the solution. But what's the problem? ", en K. Ekstrom y H. Brembeck, *Elusive Consumption,* Oxford, Berg, 2004, p. 113–127.

Mintz, S., *Sweetness and Power. The Place of Sugar in Modern History,* New York, Viking, 1985.

Monsiváis, C., "Impresiones sobre la cultura popular urbana en México, II Parte", *Cuadernos de comunicación,* vol. 2, no. 22, 1977, p. 12–14.

———, "Los de atrás se quedarân (1) (Notas sobre cultura y sociedad de masas en los setentas)", *Nexos,* no. 26, 1980, p. 35–43

Montero Pantoja, C., *Colonias de Puebla,* Puebla, BUAP-ICSH-Museo Amparo, 2002.

Morales García, E. R., "Planeación urbana municipal, áreas verdes y propiedad privada en Puebla, México" *Cuadernos de vivienda y urbanismo,* vol. 2, no.8, 2009, p. 252–276

Moreno, Y., *Historia de la música popular mexicana,* México, Conaculta-Grijalbo, 1990.

Mukerji, Ch. y M. Schudson, "Popular Culture", *Annual Review of Sociology,* vol. 12, 1986, p. 47–66.

Morin, E., "Un tercer problema", en C. Rocha Cortés (comp.) *La escuela y los medios de comunicación,* México, SEP-Ediciones el Caballito, 1986.

Newell, S., *The Modernity Bluff. Crime, Consumption, and Citienship in Côte d'Ivoire,* Chicago y Londres, The University of Chicago Press, 2012.

Nivón Bolán, E., *Cultura urbana y movimientos sociales,* México, UAM-DGCP, 1998.

Nugent, D., "Popular Musical Culture in Rural Chihuahua; Accomodation or Resistence?" en J. Calagione, D. Francis y D. Nugent (ed.), *Workers Expressions beyond Accomodation or Resistence,* Albany, State University of New York Press, 1992, p. 29-47.

Olvera Gudiño, J. J., "Cumbia in Mexico's Northeastern Region", en H. Fernández de l'Hoeste y P. Vila, *Cumbia! Scenes of a Migrant Latin American Music Genre,* Durham y Londres, Duke University Press, 2013, p. 87–104.

Paddison, M., *Adorno's Aesthetics of Music,* Cambridge, Cambridge University Press, 1993.

Pansters, W. G., *Política y poder en Puebla. Formación y ocaso del cacicazgo avilacamachista, 1937–1987,* México, BUAP-FCE, 1998.

Patiño Tovar, E., *El pasado en el présente. Pobreza, centro histórico y ciudad*, Puebla, BUAP-RNIU, 2002.

Povinelli, E. A., *The Empire of Love. Toward a Theory of Intimacy, Generalogy and Carnality*, Durham y Londres, Duke University Press, 2006.

Prévost, N., "La 'révolution silencieuse' des 'guerriers et guerrières' du mouvement hip hop au Brésil", en A. Corten, R. Peñafiel, y C. Huart (dirs.), *L'interpellation plébéienne en Amérique latine. Violence, action directe et virage à gauche*, Montreal, Karthala-PUQ, 2012, p. 167–184.

Ragland, C., "Communicating the Collective Imagination. The Sociospatial World of the Mexican *Sonidero* in Puebla, New York and New Jersey", en H. Fernández de l'Hoeste y P. Vila, *Cumbia! Scenes of a Migrant Latin American Music Genre*, Durham y Londres, Duke University Press, 2013 p. 119–137.

Rama Á., *La ciudad letrada*, Hanover, Ediciones del Norte, 1984.

Reguillo Cruz, R., *En la calle otra vez. Las bandas: identidad urbana y usos de la comunicación*, Guadalajara, ITESO, 1991

———, *La construcción simbólica de la ciudad. Sociedad, desastre y comunicación*, Guadalajara, ITESO-UIA, 1996

———, "El año dos mil, ética, política y estéticas: imaginarios, adscripciones y prácticas juveniles. Caso mexicano" en H. J. Cubides *et. al* (ed.) *Viviendo a Toda. Jóvenes, territorios culturales y nuevas sensibilidade*, Santa Fe de Bogotá, Siglo del Hombre Editores—Universidad Central, 1998, p. 57–82.

———, *Emergencia de culturas juveniles. Estrategias del desencanto*, Buenos Aires, Grupo Editorial Norma, 2000.

Reynoso, C., 2000, *Apogeo y decadencia de los estudios culturales. Una vision antropológica*, México, Gedisa.

Romero, J. L., "Las ciudades masificadas", en *Latinoamérica: las ciudades y las ideas*, México, Siglo XXI, 1976, p. 186–216.

Roseberry, W., "Understanding Capitalism—Historically, Structurally, Spatially", en D. Nugent (ed.), *Locating capitalism in time and space: global restructurings, politics, and identity*, Stanford, Stanford University Press, 2002, p. 61–79.

Roseberry W., "Balinese Cockfights and the Seduction of Anthropology", en *Anthropologies and Histories*, New Brunswick, Rutgers. 1989, p. 12–29.

Rowe, W. y V. Schelling, 1993, *Memoria y modernidad. Cultura popular en América latina*, México, Grijalbo, 1993.

Sáenz, J. L., "Para hacer que los cuerpos se muevan. Sonideros" en *Viceversa*, no. 78, 1999, s/p.

Salazar Exaire, C., "Violencia y espacio urbano. La ciudad de Puebla de los Angeles, época colonial", en M. Viladevall i Guasch (coord.), *Ciudad, patrimonio y gestion*, Puebla, BUAP, 2001, p. 315–332,

Scheper-Hughes, N., *Death without Weeping: The Violence of Everyday Life in Brazil*, Berkeley, University of California Press, 1992.

Sevilla, A., "Los salones de baile : Espacios de ritualización urbana", en N. García Canclini (comp.) *Cultura y comunicación en la ciudad de México, vol. II*, México, UAM-Grijalbo, 1998, p. 220–269.

Smith, N., "Global Social Cleasing: Postliberal Revanchism and the Export of Zero Tolerance", *Social Justice*, vol. 28, no. 3, 2001, p. 68–74.

Sotelo, H., *1972–73, Puebla de los demonios*, Puebla, Gobierno del estado de Puebla /BUAP / CAHU, 2002.

Thompson, E. P., "La sociedad inglesa del siglo XVIII ¿Lucha de clases sin clases?" en *Tradición, revuelta y conciencia de clase*, Barcelona, Crítica, 1984, p. 13–61.

———, *Costumbres en común*, Barcelona, Crítica, 1993.

Thornton, S., *Club cultures. Music, Media and Subcultural Capital*, Londres, University Press of New England, 1996.

Tirado Villegas, G., "Zona de tolerancia o zona roja. La vida de noche en el barrio de San Antonio, de la ciudad de Puebla" en S. B. Guardia, *Historia de las mujeres en América latina*, Murcia, CEMHAL, 2013, p. 199–2013.

Tuñón, J., "Nueve escritoras, una revista y un escenario. Cuando se junta la oportunidad con el talento", en E. Urrutia (coord.) *Nueve escritoras mexicanas nacidas la primera mitad del siglo XX, y una revista*, México, COLMEX, 2006, p. 3–32

Urteaga Castro-Pozo, M., *Por los territorios del Rock. Identidades juveniles y rock mexicano*, México, Causa Joven/Dirección General de Culturas Populares, 1998.

———, "Imágenes juveniles del Mexico modemo", en J. Pérez J y M. Urteaga (coords.), *Historias de los jóvenes en Mexico. Su presencia en el siglo XX*, México, SEP-IMJ, 2004, p. 33–89.

Valenzuela, J. M., *A la brava ése. Cholos, punks, chavos banda*, Tijuana, El Colegio de la Frontera Norte, 1988.

———, "Identidades juveniles", en H. J. Cubides *et al.* (ed.) *Viviendo a Toda. Jóvenes, territorios culturales y nuevas sensibilidades*, Santafé de Bogotá, Siglo del Hombre Editores— Universidad Central, 1998a, p. 38–45.

———, "Las producciones culturales y el consumo cultural" en J. A. Padilla Herrera, *La construcción de lo juvenil*, México, Causa Joven-CIESV, 1998b, p. 9–15.

Viladevall i Guasch, M., *Puebla, el zócalo y otros espacios comerciales: una aproximación al espacio público*, Tesis de maestría, Puebla, BUAP, 2001.

Wacqant, L., *Parias urbains. Guetto, banlieues, État*, París, Découverte, 2006.

Wilkins, A., "Puerto Rican Wannabes—Sexual Spectacle and the Marking of Race, Class, and Gender Boundaries", *Gender and Society*, vol. 18, no. 1, 2004, p. 103–121.

Williams, R., "Base and superstructure in Marxist Cultural Theory" en *Problems in Materialism and Culture*, Londres y Nueva York, Verso, 1980, p. 31–49.

———, *Sociologia de la cultura*, Barcelona, Paidós, 1994.

———, *Marxismo y literatura*, Barcelona, Peninsula, 1997.

Willis, P., *Learning to Labor: How Working Class Kids Get Working Class Jobs*, Nueva York, Columbia University Press, 1977.

———, "Foot soldiers of modernity: The dialectics of cultural consumption and the 21st-century school", *Harvard educational review*, vol.73, no. 3, 2003, p. 390–415.

Wilson, B., "The Canadian Rave Scene and Five Theses on Youth Resistance", *Canadian Journal of Sociology/Cahiers canadiens de sociologie*, vol. 27, no. 3, 2002, p. 373–412.

Wolf, E., "Distinguished Lecture: Facing Power—Old Insights, New Questions", *American Anthropologist*, vol. 92, no. 3, 1990, p. 586–596.

Žižek, S., *The Parallax View*. Cambridge-Londres, The MIT Press, 2009.

——, "Class struggle or Postmodernism? Yes, please!" en J. Butler, E. Laclau y S. Žižek, *Contingency, Hegemony, Universality. Contemporary Dialogues on the Left*, Nueva York, Verso, 2000, p. 90–135.

——, *The Sublime Object of Ideology*, Londres, Verso, 1989.

Zukin, S., *The Cultures of Cities*, Cambridge, Blackwell Publishers, 1995.

——, "David Harvey on Cities", en N. Castree y D. Gregory (ed.), *David Harvey A critical reader*, Maiden, Blackwell Publishing, 2006, p. 102–120.

LATIN AMERICA

Interdisciplinary Studies

Gladys M. Varona-Lacey
General Editor

Latin America: Interdisciplinary Studies serves as a forum for scholars in the field of Latin American Studies, as well as an educational resource for anyone interested in this region of the world. Themes and topics encompass social, political, historical, and economic issues, in addition to literature, music, art, and architecture.

For additional information about this series or for the submission of manuscripts, please contact:

Dr. Gladys M. Varona-Lacey
Ithaca College
Department of Modern Languages & Literatures
Ithaca, NY 14859

To order other books in this series, please contact our Customer Service Department at:

(800) 770-LANG (within the U.S.)
(212) 647-7706 (outside the U.S.)
(212) 647-7707 FAX

Or browse online by series at:

WWW.PETERLANG.COM